HISTOIRES

DÉSOBLIGEANTES

DU MÊME AUTEUR

Le Révélateur du Globe — (*Christophe Colomb et sa Béatification future*) Préface de J. Barbey d'Aurevilly.

Propos d'un Entrepreneur de démolitions.

Le Pal, pamphlet hebdomadaire, (les 4 n⁰ˢ parus).

Le Désespéré, roman *.

Un Brelan d'Excommuniés. — (*Barbey d'Aurevilly, — Hello, — Verlaine*).

Christophe Colomb devant les taureaux.

La Chevalière de la mort. — (*Marie-Antoinette.*)

Le Salut par les Juifs.

Sueur de Sang. — (1870-1871).

Léon Bloy devant les cochons.

Pour paraître prochainement :

Belluaires et Porchers. — (Confrontations littéraires.)
La Femme pauvre, roman.

---

* Le *Désespéré* étant, jusqu'à ce jour, le plus connu de mes livres, je crois devoir informer les bonnes gens qui me font l'honneur de me lire, que l'édition Tresse et Stock, publiée l'an passé et *antidatée de six ans*, est apocryphe, défectueuse et absolument désavouée par moi, — ayant été livrée au public d'une manière clandestine, à mon préjudice et à mon insu.

Je ne reconnais pour mien que le texte de l'édition Soirat, publiée réellement en 1887 et devenue, aujourd'hui, presque rare. — LÉON BLOY.

LÉON BLOY

HISTOIRES
DÉSOBLIGEANTES

PARIS
E. DENTU, ÉDITEUR
3 ET 5, PLACE DE VALOIS (PALAIS-ROYAL)

Tous droits réservés.

LA TISANE

I

LA TISANE

à Henry de Groux.

Jacques se jugea simplement ignoble. C'était odieux de rester là, dans l'obscurité, comme un espion sacrilège, pendant que cette femme, si parfaitement inconnue de lui, se confessait.

Mais alors, il aurait fallu partir tout de suite, aussitôt que le prêtre en surplis était venu avec elle, ou, du moins, faire un peu de bruit pour qu'ils fussent avertis de la présence d'un étranger. Maintenant, c'était trop tard, et l'horrible indiscrétion ne pouvait plus que s'aggraver.

Désœuvré, cherchant, comme les cloportes, un endroit frais, à la fin de ce jour caniculaire, il avait eu la fantaisie, peu conforme à ses ordinaires fantaisies, d'entrer dans la vieille église et s'était assis dans ce coin sombre, derrière ce confessionnal pour y rêver, en regardant s'éteindre la grande rosace.

Au bout de quelques minutes, sans savoir comment ni pourquoi, il devenait le témoin fort involontaire d'une confession.

Il est vrai que les paroles ne lui arrivaient pas distinctes et, qu'en somme, il n'entendait qu'un chuchotement. Mais le colloque, vers la fin, semblait s'animer.

Quelques syllabes, çà et là, se détachaient, émergeant du fleuve opaque de ce bavardage pénitentiel, et le jeune homme qui, par miracle, était le contraire d'un parfait goujat, craignit tout de bon de surprendre des aveux qui ne lui étaient évidemment pas destinés.

Soudain cette prévision se réalisa. Un remous violent parut se produire. Les ondes immobiles grondèrent en se divisant, comme pour laisser surgir un monstre, et l'auditeur, broyé d'épouvante, entendit ces mots proférés avec impatience :

— *Je vous dis, mon père, que j'ai mis du poison dans sa tisane !*

Puis, rien. La femme dont le visage était invisible

se releva du prie-Dieu et, silencieusement, disparut dans le taillis des ténèbres.

Pour ce qui est du prêtre, il ne bougeait pas plus qu'un mort et de lentes minutes s'écoulèrent avant qu'il ouvrît la porte et qu'il s'en allât, à son tour, du pas pesant d'un homme assommé.

Il fallut le carillon persistant des clefs du bedeau et l'injonction de sortir, longtemps bramée dans la nef, pour que Jacques se levât lui-même, tellement il était abasourdi de cette parole qui retentissait en lui comme une clameur.

* * *

Il avait parfaitement reconnu la voix de sa mère !

Oh ! impossible de s'y tromper. Il avait même reconnu sa démarche quand l'ombre de femme s'était dressée à deux pas de lui.

Mais alors, quoi ! tout croulait, tout fichait le camp, tout n'était qu'une monstrueuse blague !

Il vivait seul avec cette mère, qui ne voyait presque personne et ne sortait que pour aller aux offices. Il s'était habitué à la vénérer de toute son âme, comme un exemplaire unique de la droiture et de la bonté.

Aussi loin qu'il pût voir dans le passé, rien de trouble, rien d'oblique, pas un repli, pas un seul détour. Une belle route blanche à perte de vue, sous

1.

un ciel pâle. Car l'existence de la pauvre femme avait été fort mélancolique.

Depuis la mort de son mari tué à Champigny et dont le jeune homme se souvenait à peine, elle n'avait cessé de porter le deuil, s'occupant exclusivement de l'éducation de son fils qu'elle ne quittait pas un seul jour. Elle n'avait jamais voulu l'envoyer aux écoles, redoutant pour lui les contacts, s'était chargée complètement de son instruction, lui avait bâti son âme avec des morceaux de la sienne. Il tenait même de ce régime une sensibilité inquiète et des nerfs singulièrement vibrants qui l'exposaient à de ridicules douleurs, — peut-être aussi à de véritables dangers.

Quand l'adolescence était arrivée, les fredaines prévues qu'elle ne pouvait pas empêcher l'avaient faite un peu plus triste, sans altérer sa douceur. Ni reproches ni scènes muettes. Elle avait accepté, comme tant d'autres, ce qui est inévitable.

Enfin, tout le monde parlait d'elle avec respect et lui seul au monde, son fils très cher, se voyait aujourd'hui forcé de la mépriser — de la mépriser à deux genoux et les yeux en pleurs, comme les anges mépriseraient Dieu s'il ne tenait pas ses promesses !...

Vraiment, c'était à devenir fou, c'était à hurler dans la rue. Sa mère ! une empoisonneuse ! C'était insensé, c'était un million de fois absurde, c'était absolument impossible et, pourtant, c'était certain. Ne venait-elle pas de le déclarer elle-même ? Il se serait arraché la tête.

Mais empoisonneuse de qui ? Bon Dieu ! Il ne connaissait personne qui fût mort empoisonné dans son entourage. Ce n'était pas son père qui avait reçu un paquet de mitraille dans le ventre. Ce n'était pas lui, non plus, qu'elle aurait essayé de tuer. Il n'avait jamais été malade, n'avait jamais eu besoin de tisane et se savait adoré. La première fois qu'il s'était attardé le soir, et ce n'était certes pas pour de propres choses, elle avait été malade elle-même d'inquiétude.

S'agissait-il d'un fait antérieur à sa naissance ? Son père l'avait épousée pour sa beauté, lorsqu'elle avait à peine vingt ans. Ce mariage avait-il été précédé de quelque aventure pouvant impliquer un crime ?

Non, cependant. Ce passé limpide lui était connu, lui avait été raconté cent fois et les témoignages étaient trop certains. Pourquoi donc cet aveu terrible ? Pourquoi, surtout, oh ! pourquoi fallait-il qu'il en eût été le témoin ?

Soûl d'horreur et de désespoir, il revint à la maison.

*
* *

Sa mère accourut aussitôt l'embrasser :

— Comme tu rentres tard, mon cher enfant ! et comme tu es pâle ! Serais-tu malade ?

— Non, répondit-il, je ne suis pas malade, mais cette grande chaleur me fatigue et je crois que je ne pourrais pas manger. Et vous, maman, ne sentez-vous aucun malaise ? Vous êtes sortie, sans doute, pour chercher un peu de fraîcheur ? Il me semble vous avoir aperçue de loin sur le quai.

— Je suis sortie, en effet, mais tu n'as pu me voir sur le quai. *J'ai été me confesser*, ce que tu ne fais plus, je crois, depuis longtemps, mauvais sujet.

Jacques s'étonna de n'être pas suffoqué, de ne pas tomber à la renverse, foudroyé, comme cela se voit dans les bons romans qu'il avait lus.

C'était donc vrai, qu'elle avait été se confesser ! Il ne s'était donc pas endormi dans l'église et cette catastrophe abominable n'était pas un cauchemar, ainsi qu'il l'avait, une minute, follement conçu.

Il ne tomba pas, mais il devint beaucoup plus pâle et sa mère en fut effrayée.

— Qu'as-tu donc, mon petit Jacques ? lui dit-elle. Tu souffres, tu caches quelque chose à ta mère. Tu devrais avoir plus de confiance en elle qui n'aime que toi et qui n'a que toi... Comme tu me regardes ! mon cher trésor... Mais qu'est-ce que tu as donc ? Tu me fais peur !...

Elle le prit amoureusement dans ses bras.

— Écoute-moi bien, grand enfant. Je ne suis pas une curieuse, tu le sais, et je ne veux pas être ton juge. Ne me dis rien, si tu ne veux rien me dire, mais laisse-toi soigner. Tu vas te mettre au lit tout de suite. Pendant ce temps, je te préparerai un bon petit repas très léger que je t'apporterai moi-même, n'est-ce pas ? et si tu as la fièvre cette nuit, je te ferai de la TISANE...

Jacques, cette fois, roula par terre.

— Enfin ! soupira-t-elle, un peu lasse, en étendant la main vers une sonnette.

Jacques avait un *anévrisme* au dernier période et sa mère avait un amant qui ne voulait pas être beau-père.

Ce drame simple s'est accompli, il y a trois ans, dans le voisinage de Saint-Germain-des-Prés. La maison qui en fut le théâtre appartient à un entrepreneur de démolitions.

LE VIEUX DE LA MAISON

II

LE VIEUX DE LA MAISON

à Charles Cain.

— Ah! elle pouvait se vanter d'en avoir de la vertu, Madame Alexandre ! Songez-donc ! Depuis trois ans qu'elle le supportait, ce vieux fricoteur, cette vieille ficelle à pot au feu qui déshonorait sa maison, vous pensez bien que si ce n'était pas son père, il y avait longtemps qu'elle lui aurait collé son billet de retour pour le poussier des invalos de la Publique !

Mais quoi ! on est bien forcé de garder les convenances, de subvenir à ses auteurs quand on n'est pas des enfants de chiens et surtout quand on est dans le commerce.

Oh ! la famille ! Malheur de malheur ! Et il y en a qui disent qu'il y a un bon Dieu ! Il ne crèvera donc pas un de ces quatre matins, le chameau ?

La fréquence extrême de ce monologue filial en avait malheureusement altéré la fraîcheur. Il ne se passait pas de jour que madame Alexandre ne se plaignît en ces termes de la coriacité de son destin.

Quelquefois, pourtant, elle s'attendrissait lorsqu'il lui fallait divulguer son âme à des clients jeunes qui n'eussent qu'imparfaitement saisi la noblesse de ses jérémiades.

— Bon et cher papa, roucoulait-elle, si vous saviez comme nous l'aimons ! Nous n'avons toutes qu'un cœur pour le chérir. Le métier n'y fait rien, voyez-vous ! On a beau être des *déclassées*, des malheureuses, si vous voulez, le cœur parle toujours. On se souvient de son enfance, des joies pures de la famille, et je me sens bien relevée à mes propres yeux, je vous le jure, quand je vois aller et venir dans ma maison ce vénérable vieillard couronné de cheveux blancs qui nous fait penser à la céleste patrie. Etc. etc.

L'inconscience professionnelle permettait sans doute à la drôlesse de fonctionner, avec une égale bonne foi, dans l'une et l'autre posture, et l'hôte septuagénaire du grand **12**, alternativement habillé de gloire et d'ignominie, croupissait au bord de sa fille, — dans l'inaltérable sérénité du soir de sa vie, — comme une guenille d'hôpital sur la rive du grand collecteur.

.*.

L'histoire de ces deux individus n'avait, pour tout dire, aucune des qualités essentielles qu'on doit exiger du poème épique.

Le bonhomme Ferdinand Bouton, familièrement dénommé papa Ferdinand ou le *Vieux,* était une ancienne canaille de la rue de Flandres où il exerça naguère trente métiers dont le moins inavouable mit plusieurs fois en danger sa liberté.

Mademoiselle Léontine Bouton, qui devait être un jour madame Alexandre et dont la mère disparut peu de temps après sa naissance, avait été élevée par le digne homme dans les principes de la plus rigoureuse improbité.

Préparée, dès son âge tendre, aux militantes pratiques, elle décrochait, à treize ans, une brillante situation de vierge oblate chez un millionnaire genevois renommé pour sa vertu, qui l'appelait son « ange de lumière » et qui acheva de la putréfier. Deux ans suffirent à la débutante pour crever ce calviniste.

Après celui-là, combien d'autres ! Recommandée surtout aux messieurs discrets, elle devint quelque chose comme un placement de père de famille et marcha, jusqu'à dix-huit ans, dans une auréole de turpitudes.

A ce moment, devenue sérieuse elle-même, à force de se frotter à des gens *sérieux*, elle lâcha son père dont la pocharde frivolité de crapule, désormais oisive, révoltait son cœur.

Et quinze années ensuite s'écoulèrent pendant lesquelles cet abandonné se rassasia d'infortunes.

Désaccoutumé des affaires, ne retrouvant plus son ancienne astuce, il ressemblait à une vieille mouche qui n'aurait pas la force de voler sur les excréments et dont les araignées elles-mêmes ne voudraient plus.

Léontine, plus heureuse, prospéra. Sans s'élever aux premières charges de la Galanterie publique dont ses manières de goujate incorrigible ne lui permettaient pas d'ambitionner la dictature, elle sut manœuvrer dans les emplois subalternes avec tant d'art et de si ambidextres complaisances, elle se faufila, s'installa, se tassa si fermement aux bonnes ripailles et, n'oubliant jamais d'emplir son verre avant que la bouteille eût achevé de circuler, fut tellement *rosse* devant Dieu et devant les hommes, qu'elle en vint à pouvoir défier le malheur.

*
* *

Le malheur, alors, se présenta sous l'espèce falote et fantômatique de son père.

Le vieux drôle, au moment de sombrer à tout jamais dans le plus insondable gouffre, avait appris que sa fille, sa Titine, quasi célèbre, maintenant, sous le nom de madame Alexandre, gouvernait de main magistrale une hôtellerie fameuse où les princes de l'extrême Orient venaient apporter leur or.

Vermineux et couvert de loques impures, n'ayant « plus un radis dans la profonde et rien dans le battant », il tomba donc chez elle un beau jour et la fortune lui fut à ce point favorable que l'altière pachate, quoique enragée de sa survenue, fut obligée de l'accueillir avec les démonstrations du plus ostensible amour.

La malechance de celle-ci voulut, en effet, qu'à l'instant même où, forçant toutes les consignes, il se précipitait dans ses bras, elle se trouvât en conférence avec de rigides sénateurs peu capables de badiner sur le quatrième commandement de la loi divine. L'un d'eux même, remué jusqu'au fond de ses entrailles par cet incident pathétique, ne crut pouvoir se dispenser de la bénir en lui prédisant une interminable vie.

Après un tel coup, papa Ferdinand devenait indélogeable et inextirpable à jamais. Sous peine d'encourir l'indignation des honnêtes gens et de perdre l'estime fructueuse des mandarins, il fallut le décrasser, l'habiller, le loger et le remplir tous les jours.

L'existence, jusqu'alors douce comme le miel, de madame Alexandre, fut empoisonnée. Ce père fut le pli de rose de sa couche, le pétrin de son âme, la tablature de ses digestions et, tout au contraire de Calypso, elle ne parvenait pas à se consoler du retour d'Ulysse.

Il n'était pourtant pas gênant. Dès le premier jour, on l'avait installé dans la mansarde la plus lointaine, la plus incommode et probablement la plus malsaine. C'était à peine si on le voyait. Il observait fidèlement la consigne de ne pas rôder dans la maison à l'heure des clients et surtout de ne jamais mettre les pieds au Salon.

Il ne fallait rien moins pour déroger à cette loi sévère, que la fantaisie d'un amateur étranger qui demandait quelquefois à voir le Vieux, dont toutes ces dames parlaient avec des susurrements de vénération craintive, comme elles auraient parlé du Masque de Fer.

Pour ces circonstances, il avait un justaucorps écarlate à brandebourgs et une espèce de casquette macédonienne qui lui donnait l'air d'un Hongrois ou d'un Polonais dans le malheur. On l'ornait alors du titre de comte, — le comte Boutonski! — et il passait pour un débris couvert de gloire, de la plus récente insurrection.

Cumulativement, il nettoyait les latrines, balayait les escaliers, essuyait les cuvettes et la vaisselle, quelquefois avec le même torchon, disait avec rage madame Alexandre. Enfin, il faisait les courses des pensionnaires dont il avait la confiance et qui lui donnaient de jolis pourboires.

Aux heures de loisir, l'heureux vieillard se retirait dans sa chambre et relisait assidûment les œuvres de Paul de Kock ou les élucubrations humanitaires d'Eugène *Transpire*, ainsi qu'il nommait l'auteur des *Mystères de Paris* et du *Juif Errant*, les deux plus beaux livres du monde.

*
* *

Pendant la guerre, naturellement, la maison périclita. Les clients étaient en province ou sur les remparts et l'état de siège rendait les trottoirs impraticables.

L'exaspération de madame Alexandre fut à son comble. Du matin au soir, elle ne cessait d'exhaler sa fureur contre le Vieux qui se racornissait de plus en plus et qu'elle vomissait à pleine gueule, sans interruption.

Elle alla, dans son délire, jusqu'à l'accuser d'avoir allumé le conflit international par ses manigances. Quand fut décidée la rançon des cinq milliards, elle se prétendit frustrée, vociférant que c'était autant de fichu pour son commerce et qu'on devrait bien fusiller tous les vieux salauds qui portaient malheur...

Elle tournait positivement à l'hydrophobie et l'existence devenait impossible.

Il va sans dire que la Commune fut inapte à révigorer son branlant négoce. La clientèle pourtant ne chômait pas. L'établissement ne désemplissait pas une minute. C'était à se croire dans une église!

Mais quelle clientèle, Dieu des cieux! Des ivrognes rouges, des assassins, des voyous infâmes galonnés de la tête aux pieds, qui se faisaient servir le revolver au poing et qui cassaient tout, et qui auraient tout brûlé si on avait eu l'audace de leur résister.

Cette fois, par exemple, elle ne gueulait plus, la patronne. Elle crevait silencieusement de peur, en attendant le secours d'En Haut.

Il ne se fit pas longtemps attendre. On apprit tout à coup que les Versaillais venaient d'entrer dans Paris! Délivrance! Mais une guigne vraiment noire s'acharnait sur la pauvre créature.

Il arriva qu'une barricade fut dressée au bout de la rue. C'était le moment ou jamais de fermer la porte à triple tour et de faire comme si on était des mortes. Papa Ferdinand fut complètement oublié.

La barricade était prise à deux heures de l'après-midi et les fédérés en fuite abandonnaient le quartier. Bientôt, il ne resta plus qu'un seul être, un mince vieillard dont les pas sonnaient dans le grand silence.

Impossible de ne pas le reconnaître. C'était le gâteux sorti le matin par curiosité et qui, bêtement, fuyait comme un criminel devant les pantalons rouges.

Ceux-ci, pleins de défiance, ne le suivaient pas encore, hésitant à tirer sur un homme d'un si grand âge. Il accoururent en le voyant s'arrêter à la porte du grand **12**.

— Avance à l'ordre et fais voir tes pattes.

— Le vieillard, pantelant d'effroi, se précipita sur la sonnette et se mit à carillonner.

— Titine, ma Titine, c'est moi! Ouvre à ton vieux père.

La fenêtre close du mauvais lieu s'ouvrit alors spontanément, et madame Alexandre, ivre de *joie*, désignant son père aux soldats, leur cria :

— Mais fusillez-le donc, tonnerre de Dieu ! Il était tout à l'heure avec les autres. C'est un sale communard, c'est un pétroleur qui a essayé de foutre le feu au quartier.

On n'en demandait pas davantage en ces gracieux jours et papa Ferdinand, criblé de balles, tomba sur le seuil...

Aujourd'hui, madame Alexandre est retirée des affaires et n'habite plus le quartier de la Bourse dont elle fut, si longtemps, la gloire. Elle a trente mille francs de rentes, pèse quatre cent kilos et lit avec émotion les romans de Paul Bourget.

LA RELIGION DE MONSIEUR PLEUR

III

LA RELIGION DE MONSIEUR PLEUR

> Généralement, les individus qui ont excité mon dégoût en ce monde étaient des gens florissants et de bonne renommée. Quant aux coquins que j'ai connus, et il ne sont pas en petit nombre, je pense à eux, à eux tous sans exception, avec plaisir et bienveillance.
>
> THOMAS DE QUINCEY.

à Paul Adam.

L'aspect de ce vieillard fécondait la vermine. Le fumier de son âme était tellement sur ses mains et sur son visage qu'il n'eût pas été possible d'imaginer un contact plus effrayant. Quand il allait par les rues, les ruisseaux les plus fangeux, tremblant de refléter son image, paraissaient avoir l'intention de remonter vers leur source.

Sa fortune qu'on disait colossale et que les bons juges n'évaluaient qu'en pleurant d'extase, devait être cachée dans de furieux endroits, car nul n'osait hasarder une ferme conjecture sur les placements financiers de ce cauchemar.

Il se disait seulement que, diverses fois, on entrevit sa main de cadavre dans certaines manigances d'argent qui avaient abouti à des débâcles sublimes dont quelques éleveurs de grenouilles le supposaient artisan.

Il n'était pas juif, cependant, et lorsqu'on le traitait de « vieille crapule » il avait une manière douce de répondre : *Dieu vous le rende !* qui faisait courir, sur l'échine des plus roublards, un léger frisson.

L'unique chose qui parût certaine, c'était que ce guenilleux effroyable possédait une maison de haut rapport dans l'un ou l'autre des grands quartiers excentriques. On ne savait pas exactement. Il en possédait peut-être plusieurs.

La légende voulait qu'il couchât dans un autre obscur, sous l'escalier de service, entre le tuyau des latrines et la loge du concierge que ce voisinage idiotifiait.

Ses quittances de loyer étaient, m'a-t-on dit, délivrées, par économie, sur des déchirures d'affiches que des locataires plein d'entregent revendirent à des collectionneurs astucieux.

On racontait aussi l'histoire, devenue fameuse, d'une soupe fantastique trempée régulièrement le dimanche soir et qui devait le nourrir toute la semaine. Pour ne pas brûler de charbon, il la mangeait froide six jours de suite.

Dès le mardi, naturellement, cette substance alimentaire devenait fétide. Alors, avec les révérencieuses façons d'un prêtre qui ouvre le tabernacle, il prenait, dans une petite armoire scellée au mur et qui devait contenir d'étranges papiers, une bouteille de très vieux rhum vraisemblablement recueillie dans quelque naufrage.

Il en versait des gouttes rares dans un verre minuscule et se fortifiait à l'espoir de les déguster aussitôt après avoir englouti son cataplasme. L'opération terminée :

— Maintenant que tu as mangé ta soupe, disait-il, *tu n'auras pas* ton petit verre de rhum !

Et déloyalement, il reversait dans la bouteille le précieux liquide. Recommandable finesse qui réussissait toujours, depuis trente ou quarante ans.

*
* *

Jamais un spectre ne parut aussi complètement dénué de style et de caractère. Il avait beau ressembler par ses haillons, et sans doute, par quelques-unes de ses pratiques, aux youtres les plus conspués de Buda-Pesth ou d'Amsterdam, l'imagination d'un Prométhée n'aurait pu découvrir en lui le moindre linéament archaïque.

Le surnom de Schylock, décerné par de subalternes imprécateurs, révoltait comme un blasphème, tellement cet avare n'exprimait que la platitude ! Il n'avait de terrible que sa crasse et sa puanteur de bête crevée. Mais cela encore était d'un modernisme décourageant. Son ordure ne lui conférait la bienvenue dans aucun abîme.

Il ne réalisait, *en apparence*, du moins, que le BOURGEOIS, le Médiocre, le « Tueur de cygnes », comme disait Villiers, accompli et définitivement révolu, tel qu'il doit apparaître à la fin des fins, quand les Tremblements sortiront de leurs tanières et que les sales âmes seront manifestées au grand jour !

S'il pouvait être innocent de prostituer les mots, il aurait fallu comparer M. Pleur à quelque horrible prophète, annonciateur des vomissements de Dieu.

Il semblait dire aux individus confortables que dégoûtait sa présence :

— Ne comprenez-vous pas, ô mes frères, que je vous *traduis* pour l'éternité et que mon impure carcasse vous reflète prodigieusement ? Quand la vérité sera connue, vous découvrirez, une bonne fois, que j'étais votre vraie patrie, à tel point que, venant à disparaître, la pestilence de vos esprits me regrettera. Vous aurez la nostalgie de mon voisinage immonde qui vous faisait paraître vivants, alors que vous étiez au dessous du niveau des morts. Hypocrites salauds qui détestez en moi le dénonciateur silencieux de vos turpitudes, l'horreur matérielle que je vous inspire est précisément la mesure des abominations de votre pensée. Car enfin, de quoi pourrais-je donc être vermineux, sinon de vous-mêmes qui me grouillez jusqu'au fond du cœur?

Le regard du drôle était particulièrement insupportable aux femmes élégantes qu'il paraissait exécrer, les fixant parfois d'un rayon plus pâle que le phosphore des charniers, œillade funèbre et *visqueuse* qui se collait à leur chair, comme la salive des brucolaques, et qu'elles emportaient en bramant d'effroi.

— N'est-il pas vrai, mignonne, croyaient-elles entendre, que tu viendras à mon rendez-vous ? Je te ferai visiter ma fosse gracieuse et tu verras la jolie parure d'escargots et de scarabées noirs que je te donnerai pour rehausser la blancheur de ta peau divine. Je suis amoureux de toi comme un chancre et mes baisers, je t'assure, valent mieux que tous les divorces. Car vous puerez un jour, ma souris rose, vous puerez voluptueusement à côté de moi, et nous serons deux cassolettes sous les étoiles...

*
* *

Mais il eût été difficile, encore une fois, malgré ce regard atroce, de donner un signe qui pût être appelé caractéristique de ce M. Pleur.

La voix seule, peut-être, — voix d'une douceur méchante et qui suggérait l'idée d'un impudique sacristain chuchotant des ignominies.

Il avait, par exemple, une manière de prononcer le mot « argent » qui abolissait la notion de ce métal et même de sa valeur représentative.

On entendait quelque chose comme *erge* ou *orge*, selon les cas. Souvent aussi, on n'entendait rien du tout. Le mot s'évanouissait.

Cela faisait une espèce de pudeur soudaine, une draperie tombant tout à coup au devant du sanctuaire, une crainte inopinée de paraître obscène en dépoitraillant l'idole.

Imaginez, si la chose vous amuse, un sculpteur fanatique, un Pygmalion sanguinaire et doucereux, cherchant avec vous le point de vue de sa Galathée, et vous faisant reculer sournoisement jusqu'à une trappe ouverte pour vous engloutir.

C'était si fort, cette passion jalouse pour l'Argent, que quelques-uns s'y étaient trompés. On avait attribué d'horribles vices à ce dévot impénitent de la tirelire et du coffre-fort, — soupçons injustes mais accrédités par quelques exégètes savants de la vie privée d'autrui qui l'avaient surpris en de mystérieux colloques de trottoir avec des femmes ou des enfants.

Son culte s'exprimait parfois en de telles circonlocutions extatiques, le baveux éréthisme de sa ferveur atténuait si étrangement sa physionomie de fossoyeur calciné, et de si déshonnêtes soupirs s'exhalaient alors de son sein, que les vases de moindre élection dans lesquels il laissait tomber sa rare parole, étaient excusables, après tout, de ne pas sentir passer, entre eux et lui, l'hypocondriaque majesté de l'*Idolâtrie*.

*
* *

On me dispensera, je veux l'espérer, de faire connaître les raisons d'ordre exceptionnel qui déterminèrent un commerce d'amitié entre moi et ce personnage sympathique.

J'étais jeune, alors, très jeune même, et facilement accessible à l'enthousiasme. M. Pleur se fit un plaisir de m'en saturer en se dévoilant à moi.

Je crois être le seul qui ait reçu ses confidences. J'ajoute que ce souvenir m'a fort aidé à supporter une destinée plus que chienne et, le personnage étant mort, il y a bien longtemps déjà, ma conscience me presse aujourd'hui de témoigner en faveur de ce méconnu.

Quelques hommes de ma génération peuvent se rappeler sa fin tragique, arrivée dans les dernières années de l'Empire, et qui fit un assez grand bruit.

L'assassinat, dont les gazettes m'apportèrent les

détails jusqu'aux environs du Cap Nord, était assurément de l'espèce la plus banale et les chenapans qui le perpétrèrent étaient peu dignes, il faut l'avouer, de la célébrité qu'ils obtinrent.

Le vieillard avait été simplement étranglé sur sa couche nidoreuse par des bandits jusqu'alors privés de notoriété et qui n'avouèrent d'autre mobile que le vol.

Mais certaines circonstances relatives seulement au passé de la victime et demeurées inexplicables, exercèrent en vain, quelques mois, la sagacité des contemporains.

Enfin on crut deviner ou comprendre que M. Pleur *n'avait pas été ce qu'il paraissait être*.

Bref, les assassins malchanceux qui, d'ailleurs, se laissèrent prendre avec une extrême facilité, n'avaient pu découvrir le moindre trésor dans la tanière de l'avare et, quoique ce dernier fût mort intestat et sans héritiers naturels, le Domaine de l'État ne put étendre ses griffes sur aucune propriété mobilière ou immobilière.

Il fut établi que le défunt ne possédait absolument rien... sinon l'intendance viagère et l'usufruit d'une fortune gigantesque inattaquablement aliénée dans les mains d'un certain *Evêque*.

Impossible de savoir ce qu'étaient devenues les considérables sommes qui avaient dû lui passer par les mains, depuis tant d'années qu'il donnait lui-même quittance à des escadrons de locataires.

Pas un titre, pas une valeur, rien de rien, excepté la fameuse bouteille de rhum vidée par les étrangleurs.

*
* *

Comme ceci est à peine un conte, j'ai le droit de ne pas promettre une conclusion plus dramatique. Je le répète, je n'ai voulu que donner mon témoignage, le seul, très probablement, que puisse espérer l'ombre courroucée du mort.

Qu'il me soit donc permis de résumer en quelques lignes les paroles assez curieuses qui me furent dites, en diverses fois, par ce solitaire ordinairement silencieux.

Je ne crois pas que je sentirai jamais un si noir frisson qu'en ce lointain jour où, côte à côte sur un banc du Jardin des Plantes, il me fit entendre ceci :

— Mon avarice vous fait peur. Eh bien ! mon petit homme, j'ai connu un *prodigue*, d'espèce moins rare qu'on ne pense, dont l'histoire vous donnera peut-être l'envie de baiser mes loques, avec respect, si vous êtes assez doué pour la comprendre.

Ce prodigue était un maniaque — naturellement. C'est toujours facile à dire et cela dispense de tout examen profond. C'était même, si vous voulez, un monomaniaque.

Son idée fixe était de *jeter le* Pain *dans les latrines !*

Il se ruinait dans ce but chez les boulangers. On ne le rencontrait jamais sans un gros pain sous le bras, qu'il s'en allait, en sautillant d'aise, précipiter dans les goguenots de la populace.

Il ne vivait que pour accomplir cet acte et il faut croire qu'il en éprouvait de furieuses jouissances ; mais sa joie devenait du délire quand l'occasion se présentait d'en offrir le spectacle à de pauvres diables crevant de faim.

Il avait trente mille francs de rente, celui-là, et se plaignait de la cherté du pain.

Méditez attentivement cette histoire vraie qui ressemble à un apologue.

Je n'eus pas le désir de baiser les loques de M. Pleur, mais son récit me fut assez clair, sans doute, car je crus entendre galoper au-dessous de moi, toute la cavalerie des abîmes.

*
* *

La dernière fois que je rencontrai ce Platon de la lésine :

— Savez-vous, me dit-il, que l'Argent est Dieu et que c'est pour cette raison que les hommes le cherchent avec tant d'ardeur ? Non, n'est-ce pas ? vous êtes trop jeune pour y avoir pensé. Vous me prendriez infailliblement pour une espèce de fou sacrilège si je vous disais qu'Il est infiniment bon, infiniment parfait, le souverain Seigneur de toutes choses et que rien ne se fait en ce monde sans Son ordre ou Sa permission ; qu'en conséquence nous sommes créés uniquement pour Le connaître, L'adorer et Le servir, et gagner, par ce moyen, la Vie éternelle.

Vous me vomiriez si je vous parlais du mystère de *Son Incarnation*. N'importe ! apprenez que je ne passe pas un jour sans demander que Son Règne arrive et que Son Nom soit sanctifié.

Je demande aussi à l'Argent mon Rédempteur, qu'Il me délivre de tout mal, de tout péché, des pièges du diable, de l'esprit de fornication, et je L'implore par Ses langueurs aussi bien que par Ses Joies et par Sa Gloire.

Vous comprendrez un jour, mon garçon, combien ce Dieu S'est avili pour nous autres. Rappelez-vous mon maniaque ! Et voyez à quels emplois la malice des hommes Le condamne !

... Moi, je n'ose plus y toucher depuis trente ans !... Oui, jeune homme, depuis trente ans, je n'ai pas osé porter mes pattes malpropres sur une pièce de cinquante centimes ! Quand mes locataires me paient, je reçois leur monnaie dans une cassette précieuse, en bois d'olivier, qui a touché le Tombeau du Christ, et je ne la garde pas un seul jour.

Je suis, si vous voulez le savoir, un *pénitent de l'Argent*.

Avec des consolations inexprimables, j'endure pour Lui d'être méprisé par les hommes, d'épouvanter jusqu'aux bêtes et d'être crucifié tous les jours de ma vie par la plus épouvantable misère...

J'avais assez pénétré l'existence mystérieuse de cet homme extraordinaire pour entrevoir qu'il me parlait d'une façon toute symbolique. Cependant les Paroles Saintes, aussi rudement adaptées, m'effaraient un peu, je l'avoue.

Il se dressa tout à coup, levant les bras, et je le vois encore, semblable à une potence géminée d'où pendraient les haillons pourris de quelque ancien supplicié.

— On dit assez, par le monde, me cria-t-il, que je suis un horrible avare. Eh bien, vous raconterez un jour que j'avais découvert la cachette, infiniment sûre, dont aucun avare, avant moi, ne s'était encore avisé :

J'enfouis mon Argent dans le Sein des Pauvres !...

Vous publierez cela, mon enfant, le jour où le Mépris et la Douleur vous auront fait assez grand pour ambitionner le suprême honneur d'être incompris.

. . . .

M. Pleur nourrissait environ deux cents familles,

parmi lesquelles on aurait cherché vainement un individu qui ne le regardât pas comme une canaille, — tellement il était malin.

Mais aujourd'hui, juste ciel ! où donc est la multitude pâle des indigents assistés par le délégataire épiscopal de ce Pénitent?

LE PARLOIR DES TARENTULES

IV

LE PARLOIR DES TARENTULES

à P. N. Roinard.

Ce fut chez Barbey d'Aurevilly, en 1869, au temps de ma jeunesse radieuse, que je rencontrai ce poète. Il m'intéressa tout de suite par ses cheveux et son coup de gueule.

C'était un hirsute blanc dont le port de tête continuel semblait un défi à tous les tondeurs. Bien qu'il eût à peine quarante ans, l'épaisse toison couleur de neige qu'il secouait dans les vents lui donnait, à quelque distance, l'aspect d'un Saturne pétulant ou d'un Jupiter de la panclastite prématurément vieilli par un abus incroyable des carreaux de la volupté.

La mauvaise petite figure de brique pilée qu'il exhibait sous les flocons, se manifestait plus bouillante et plus cuite chaque fois qu'on la regardait.

Son agitation chronique l'étonnait lui-même :

— Je suis le *Parloir des tarentules !* criait-il de sa voix de promis à la camisole, qui faisait presser le pas aux petites ouvrières, dans la rue.

Il avait toujours l'air d'un Samson faisant éclater les cordes ou les entraves dont les Philistins naïfs auraient prétendu le fagoter pendant son sommeil.

L'infortuné d'Aurevilly, qui devait un jour succomber aux trames d'une araignée noire de l'occultisme languedocien, ne haïssait point d'attiser la rage de ce métromane volcanique, décidément incapable d'accepter une considération, même distinguée, qui n'eût pas été la première, ou mieux encore, l'exclusive considération.

Damascène Chabrol avait été médecin, ou plutôt il l'était toujours, car on dirait que la médecine *imprime caractère* aussi bien que le Sacerdoce. Mais, n'ayant pas absolument besoin de gagner sa vie, il s'était, de très bonne heure, dégoûté de purger des négociants ou d'analyser leurs sécrétions. En conséquence, il avait lui-même vomi sa clientèle, — pour ne pas employer un terme plus fort dont il faisait un fréquent usage, — et s'était généreusement acharné à la plus intensive culture des vers.

Je crus, dans le temps, qu'il n'était pas tout à fait indigne de pincer la lyre et, si ma mémoire est fidèle, ce fut l'opinion de quelques autorités.

Dieu sait ce que j'en pourrais penser aujourd'hui ! Mais la vie est si courte, hélas ! et de durée si peu certaine, que je craindrais vraiment d'élimer le tissu précieux de mon existence en recherchant, sous les poussières accumulées de vingt-cinq ans, les deux ou trois recueils oubliés qu'il publia.

J'ajoute qu'en supposant même du génie à ce disparu, nul poème écrit de sa main, ne pourrait encore égaler l'inégalable poème de la nuit que nous passâmes ensemble chez lui, rue de Fleurus, quatre jours avant sa terrible mort, et qui ne fut pas, — je vous prie d'en être inébranlablement persuadés, — une nuit d'amour.

.˙.

Trois passions fauves habitaient en lui. Les petites femmes, les grands vers, et le désir de la gloire.

Chacune d'elles ayant les caractères indéniables du paroxysme, je n'ai jamais bien compris comment elles pouvaient subsister ensemble et surtout la première avec les deux autres.

C'était une chose funèbre que l'emportement de

cet homme, semblable à un patriarche possédé, vers les souillons et les guenillons adorés de feu Sainte-Beuve qui, du moins, n'avait rien de patriarcal, et ce fut un bienfait du Second Empire que la violence de ses fantaisies soudaines ait toujours pu s'amortir dans les garnos circonvoisins ou dans les taillis du Luxembourg, sans fâcheux esclandre.

Dans les intervalles de ces crises, et en attendant que le bouc repoussât en lui, il se jetait à la *copie*, se précipitait dans le tourbillon des souffles inspirateurs, comme le pétrel dans l'ouragan.

Et c'était alors une cohue de visions, de demi-visions, d'éclairs de chaleur, d'éclipses totales, de blasphèmes gesticulés contre la voûte irresponsable du firmament et d'invocations familièrement *chuchotées* à l'oreille de tous les démons, jusqu'au moment où il se vautrait sur son tapis en grinçant des dents, tordu par des convulsions d'épileptique.

Difficilement on s'introduisait chez lui. Il semblait toujours avoir peur que quelque chose de subtil, d'infiniment rare et précieux, ne s'évadât par la porte ouverte, ne descendît l'escalier, ne passât devant le morne concierge et n'allât se profaner parmi la honte infinie des chiens de la rue...

En conséquence, il n'ouvrait pas quand on frappait, ou, s'il ouvrait, c'était à peine, maintenant la porte à un millimètre du chambranle et, de sa main libre, dessinant de grands gestes silentiaires, comme s'il y avait eu, dans sa demeure, un agonisant sublime dont il eût été nécessaire à l'équilibre des univers de ne pas rater le dernier soupir.

Et si l'arrivant, non effarouché par les yeux de flamme du solitaire, voulait passer outre, malgré cet étrange accueil, il ne pouvait jamais s'introduire avec trop de rapidité, et la porte, à l'instant même se refermait en coup de vent, comme un piège à rats sur un musaraigne. Témérité rare dont peu d'hommes, je vous en réponds, furent capables.

Le redoutable Damascène, alors, à demi-courbé, se frottait les mains, la pointe en bas et les paumes tout près du menton, exprimant ainsi l'allégresse d'un cannibale sûr de sa proie.

Et la fanfare de ses récriminations éclatait pendant une heure. Il devenait un torrent de plaintes dont on entendait, d'abord, le grondement sourd et la grandissante rumeur quand il arrivait, au loin, des montagnes bleues; puis le rauque mugissement, de plus en plus clair, qui s'épandait à la façon d'une nappe immense; et enfin, le fracas énorme des dislocations, des écroulements qu'il apportait, de toutes les clameurs confondues.

Il en avait fameusement sur le cœur, allez! Et je suppose qu'il aurait fallu la mort pour qu'il cessât de vociférer, *jusque pendant son sommeil*, contre les éditeurs, les journaux, l'Académie, les sociétaires de la Comédie-Française et, en général, contre toute la clique humaine qui s'obstinait à ne pas le récompenser.

* * *

Peut-être avait-il raison. Je vous répète que je n'en sais rien et que je ne veux pas le savoir. Je suis assez ivre déjà de mes propres indignations sans avoir besoin de me soûler de celles des autres.

J'arrive au poème de cette nuit, fameuse entre toutes, qui ne fut pas une nuit d'amour.

Très exceptionnellement, Damascène Chabrol m'avait invité par lettre à venir chez lui, non pour dîner, ce qui n'eût été que salutaire et, par conséquent, archi-banal, mais pour entendre la lecture d'un de ses drames, ce qui me parut dangereux et fort effrayant.

Sa lettre, d'ailleurs, beaucoup plus comminatoire que fraternelle, ne pouvait me laisser aucun doute sur la gravité du cas. Il exigeait absolument que je fusse exact, déclarant que la justice le voulait ainsi.

Cette forme d'invitation ne me révolta pas. Ma curiosité vivement émue établit aussitôt l'accord entre la *justice* et ma volonté. Je fus exact et voici tout net ce qui arriva.

Dès le premier coup, la porte s'entr'ouvrit et je fus introduit selon le rite mentionné plus haut.

Damascène était plus calme que je n'eusse osé l'espérer. Il était même prodigieusement calme et je ne pus m'empêcher de le comparer à un opérateur ou à un bourreau sur le point de fonctionner. Analogie dont j'étais infiniment loin de soupçonner la rigueur.

Deux grogs étaient préparés et, sur la table, grand ouvert devant l'une des deux chaises, le manuscrit redoutable s'étalait.

Le temps était doux, par bonheur. S'il avait fait trop froid ou trop chaud, je pouvais très bien mourir cette nuit-là, les plus claires précautions ayant été prises pour que je comprisse l'inutilité absolue d'une tentative d'interruption, quelque courte et légitime qu'elle fût.

— La *Fille de Jephté* ! drame biblique en cinq actes, commença-t-il, me fixant d'un œil implacable.

L'exercice, d'abord, ne me déplut pas. Le lecteur avait une voix bizarre de gastralgique, s'élevant sans effort des basses profondes aux notes enfantines les plus aiguës. Il *parlait* ainsi et jouait véritablement son drame, multipliant les gestes jusqu'à se précipiter à genoux pour une prière, quand la situation l'exigeait. Curieux spectacle qui m'amusa pendant une heure, c'est-à-dire pendant tout le premier acte seulement; car le monstre poussait la conscience jusqu'à recommencer plusieurs fois des scènes entières dont il craignait de ne m'avoir pas fait sentir toute la beauté, sans qu'aucune admirative protestation pût le rassurer.

Au deuxième acte, la mimique ayant perdu le charme de l'imprévu, je m'avisai d'écouter véritablement.

C'était lamentable. Imaginez le poncif le plus poussiéreux, le plus culotté, le plus crasseux, le plus fétide. Un amalgame effrayant de Racine, du bonhomme Gagne et de Désaugiers. Je me rappelle un interminable discours de son impossible Juge sur l'agriculture et l'économie sociale...

Vers la fin du troisième, je feignis un besoin subit de l'espèce la plus vulgaire, espérant ainsi gagner la porte de l'escalier. Cet homme nuisible m'accompagna...

Il fallut tout avaler et cela dura jusqu'à minuit. J'étais presque aussi *sacrifié* que la fille elle-même du Libérateur d'Israël.

*
* *

Mais que devins-je, lorsque m'élançant sur mon chapeau, Damascène me dit ces mots qui me parurent tirés de l'Apocalypse :

— Oh ! ne vous pressez pas, *nous n'avons encore rien lu*. Je ne vous lâche pas avant que vous ayez entendu mes sonnets.

Un ignorant de la langue française aurait pu croire qu'il m'offrait une tasse de chocolat. Or, il m'annonça *quinze cents sonnets*, plus de vingt mille vers ! et sa voix, loin d'être affaiblie par le précédent effort, était maintenant plus claire, plus fraîche, mieux entraînée, capable, semblait-il, de tromboner jusqu'à la chute, si malencontreusement ajournée, du ciel.

Que faire ? Il m'était démontré que je ne pourrais sortir que sur le cadavre de cet enragé et je n'avais pas alors, comme depuis, l'habitude vénielle de tremper mes mains dans le sang.

Je me rassis, étouffant un râle de désespoir.

Cinq minutes plus tard, je dormais profondément. Le carillon d'une clarine alpestre, vivement agitée à mon oreille, me réveilla.

— Ah ! ah ! vous dormez, je crois, me dit mon bourreau.

— Mon Dieu ! répondis-je, je dors sans dormir... J'avoue que je sens un peu de fatigue.

— Très bien, je connais ça.

Il ouvrit alors son tiroir, en tira un revolver qui me parut de dimensions anormales, l'arma soigneusement, le posa sur la table sans lâcher la crosse et, reprenant de la main gauche son manuscrit, ajouta simplement :

— Je continue !...

Ce supplice dura jusqu'au lever du soleil. A ce moment, il se leva mécaniquement, ferma son accordéon et me déclara qu'il allait prendre le train.

— Je vais voir papa, m'expliqua-t-il.

Quelques heures plus tard, il giflait son père âgé de soixante quinze ans, en arrivant à Orléans, et se jetait, aussitôt après, dans un puits du fond duquel on le retira fou furieux pour l'enfermer dans un cabanon où il mourut en pleine frénésie, le surlendemain.

A mon extrême surprise, j'héritai d'une partie considérable de sa fortune et c'est avec son argent — si on tient à le savoir — que je me suis tant amusé de vingt-cinq à trente, comme chacun sait.

PROJET D'ORAISON FUNÈBRE

V

PROJET D'ORAISON FUNÈBRE

à Gustave de Malherbe.

C'est à peine si quelques-uns savent qu'il vient de mourir. Quand la multitude de ceux qui se croient vivants apprendra sa mort, il y aura sûrement dans les journaux de vives jérémiades clichées sur le grand écrivain défunt « qu'on a eu la douleur de perdre », après l'avoir si bassement détesté pendant sa vie.

Ces lamentations univoques et professionnelles seront ramassées à la pelle, comme la terre des cimetières, par les fossoyeurs de la chronique, jusque sous les pieds de « l'ami de la dernière heure », romancier saumâtre et vulpin, qui avait besoin de cette réclame et qui *confisqua* son agonie, lui faisant la mort plus amère.

Contentons-nous de le nommer simplement Lazare, ce décédé dans la plus parfaite indigence, qui avait le droit de porter l'une des plus larges couronnes comtales de l'Occident.

— Je suis, disait-il, de la race des Êtres qui font l'honneur des autres hommes.

Il ne voulut donc jamais qu'on lui parlât d'une « autre patrie que l'exil » et la vie, par conséquent, fut merveilleusement chienne pour ce pauvre diable sublime.

Un peu plus tard, lorsque se seront éteintes les flammes postiches de la canicule des admirations après décès, — un peu ou beaucoup plus tard, — je parlerai de cette mort dont la tristesse et l'horreur, avec soin dissimulées, sont difficilement surpassables.

Car j'ai fort à dire, je vous assure, et la matière noire surabonde.

Tel n'est pas aujourd'hui précisément mon dessein. Je voudrais seulement, à propos de ce Lazare que tout le monde a le droit de supposer imaginaire, vérifier à la clarté d'un déplorable flambeau, l'adage le plus décisif sur les vieilles aristocraties que la Révolution croit avoir tuées.

« Tout homme est l'addition de sa race ». Ainsi

fut condensée, comme sur une lame d'airain, par le philosophe Blanc de Saint Bonnet, toute l'expérience des siècles.

C'est-à-dire qu'à l'extrémité du dernier rameau d'un grand arbre élu par la foudre, pend toujours un fruit de délectation ou d'épouvante en qui l'essence précieuse fait escale avant de disparaître à jamais.

Quand il s'agit d'une sève glorieuse, comme dans le cas de notre Lazare, le douloureux être chargé de tout assumer, n'est pas seulement le support unique des splendeurs ou des misères, des joies divines ou des deuils profonds, des abaissements ou des triomphes accumulés par tant d'ancêtres. Il faut encore qu'il porte le Rêve de tout cela, qu'il le porte dans le long, l'interminable désert, « de l'utérus au sépulcre », sans qu'une âme puisse le secourir ou le consoler.

Il lui faut subir le miraculeux et redoutable héritage d'une poitrine houleuse de tous les soupirs des générations dont le nom même agonise...

Et ce n'est pas tout, — ô mon Dieu ! — car voici le gouffre des douleurs.

*
* *

La destinée de Lazare fut si extraordinaire que sa vie parut comme un raccourci de l'histoire même de la Race altière dont il était la suprême incarnation.

Une espèce d'analogie me fera peut-être comprendre.

Vous rappelez-vous ces chronologiques épitomés qu'infligèrent à notre enfance des pédadogues inassouvis de malédictions ? Chaque époque est condamnée à respirer entr'equatre pages étroites, en ces opuscules suffocants où les événements les plus éloignés, les plus distincts, sont empilés et pressés à la manière des salaisons dans la caque d'un exportateur.

Charlemagne y compénètre Mérovée, les premiers Valois ne font qu'un mastic avec les Valois d'Orléans ou les Valois d'Angoulême, Henri III crève les côtes à Charles le Sage, François Ier s'aplatit sur Louis le Gros, Ravaillac assassine Jean Sans Peur et c'est à Varennes que Louis XIV a l'air de signer la Révocation de l'Édit de Nantes. Etc. Tout recul est impossible et le chaos indébrouillable.

Lazare, dernier du nom, et n'ayant plus rien devant lui que le Goujatisme grandissant de la fin du siècle, était lui-même, en quelque manière, un de ces terribles abrégés.

Incapable de s'ajuster à la vie contemporaine qui le pénétrait de dégoût, il résidait au fond de son propre cœur, tel que, dans son antre, un dragon d'avant le déluge, inconsolable et hagard de la destruction de son espèce.

Il portait vraiment en lui les âmes de tous les

grands de sa Maison et la liste en était longue. Il confabulait avec leurs ombres, ne cherchant pas irrespectueusement à les démêler, bien au contraire, et finissant par être heureux de ne plus savoir ce qui revenait, en bonne justice, à chacune d'elles.

Il était, d'ailleurs, un de ces rares adeptes qui nient la mort, se persuadant que l'autosurvie est un acte simple de la volonté, et qu'il est incomparablement plus facile de s'éterniser que de finir.

Selon lui, la mort dont parlent tant les imbéciles n'était qu'une imposture, une insoutenable imposture inventée par les fabricants de couronnes et les marbriers.

Il avait même écrit, pour son usage personnel, une fantaisie, — hégélienne, hélas ! — sur cet objet, en vue d'établir qu'êtres et choses ne peuvent avoir d'autre maintien devant l'Infini que celui qu'il plait à notre conscience de leur accorder.

Il vivait donc au milieu d'un groupe superbe dont il avait, depuis longtemps, obtenu la résurrection, — nullement ému d'aboucher ensemble des guerriers ou des magistrats séparés par toute la largeur des siècles, et dont la personnalité même se perdait pour lui dans l'admirable cohue des individus de son sang.

*
* *

L'existence infernale de cet homme est suffisamment connue. On en a fait une légende merveilleuse, quoique les circonstances bizarres, dont l'imagination de quelques-uns l'a surchargée malicieusement, aient été beaucoup plus rares, en réalité, qu'on ne le suppose.

Le trouble célèbre de son esprit n'était, au fond, que le trouble de sa pauvre âme et c'était, comme cela, bien assez tragique.

J'ai dit que sa vie se trouva configurée à l'Histoire même de sa Race et que tel fut le principe de douleurs sans nom. Mais comment faire entendre un pareil langage ?

Cette histoire qui est juste au centre de l'Histoire universelle et qu'on apprend si mal dans les écoles, était, en lui, tout à fait vivante et contemporaine. Elle le brûlait, le dévorait comme une flamme furieuse dont il eût été l'aliment dernier.

Dans la flagrance des tortures, ses moindres gestes récupéraient aussitôt les *gestes* anciens de la Lignée quasi-royale tout entière qui mourait debout dans les ventricules de son cœur.

Très peu le comprirent, et ceux-là, que pouvaient-ils pour un si grandiose malheureux ? Dieu lui-même, le Dieu Moloch ne voulant plus d'aristocratie, l'holocauste s'imposait.

Le génie littéraire lui avait été donné par surcroît, mais ce fut la broutille de son supplice.

. . . .

Qu'ils avaient été beaux les commencements ! On avait vingt ans, on éblouissait les hommes et les femmes, toutes les fanfares éclataient sur tous les seuils, on apportait au monde quelque chose de nouveau, de tout à fait inouï que le monde allait sans doute adorer, puisque c'était le reflet, l'intaille fidèle des primitives Idoles.

Qu'importait qu'on fût très pauvre ? N'était-ce pas une grandeur de plus ? On avait, d'ailleurs, une besace pleine de fruits qui ressemblaient à des étoiles, ramassés à pleines mains dans la forêt lumineuse, et on ne doutait pas de l'Espèce humaine.

Mais on s'aperçut un jour que le peuple, dégoûté du pain, réclamait à grands cris des pommes de terre, qu'il voulait qu'on lui frottât la plante des pieds avec le gras des petits boyaux des Princes de la Lumière, — et ce fût le commencement de l'agonie qui dura trente ans.

Elle eut trop de témoins pour qu'il soit nécessaire de la raconter. Le courage, d'ailleurs, me manque. Je ne me réserve, comme il fut dit un peu plus haut, que la dernière et suprême phase très ignorée, celle-là, très profondément ignorée, je vous assure, et dont je veux être le divulgateur implacable.

Nous verrons alors la couleur du front d'un certain *pontife*.

LES CAPTIFS DE LONGJUMEAU

VI

LES CAPTIFS DE LONGJUMEAU

à Mme Henriette L'Huillier.

Le *Postillon de Longjumeau* annonçait hier la fin déplorable des deux Fourmi. Cette feuille, recommandée à juste titre pour l'abondance et la qualité de ses informations, se perdait en conjectures sur les causes mystérieuses du désespoir qui vient de précipiter au suicide ces époux qu'on croyait heureux.

Mariés très jeunes et toujours au lendemain de leurs noces depuis vingt-ans, ils n'avaient pas quitté la ville un *seul* jour.

Allégés par la prévoyance de leurs auteurs de tous

les soucis d'argent qui peuvent empoisonner la vie conjugale, amplement pourvus, au contraire, de ce qui est nécessaire pour agrémenter un genre d'union légitime sans doute, mais si peu conforme à ce besoin de vicissitudes amoureuses qui travaille ordinairement les versatiles humains, ils réalisaient, aux yeux du monde, le miracle de la tendresse à perpétuité.

Un beau soir de mai, le lendemain de la chute de M. Thiers, le train de grande ceinture les avait amenés avec leurs parents venus pour les installer dans la délicieuse propriété qui devait abriter leur joie.

Les Longjumelliens au cœur pur avaient vu passer avec attendrissement ce joli couple que le vétérinaire compara sans hésiter à Paul et à Virginie.

Ils étaient, en effet, ce jour-là, véritablement très bien et ressemblaient à des enfants pâles de grand seigneur.

Maître Piécu, le notaire le plus important du canton, leur avait acquis, à l'entrée de la ville, un nid de verdure que leur eussent envié les morts. Car il faut en convenir, le jardin faisait penser à un cimetière abandonné. Cet aspect ne leur déplut pas, sans doute, puisqu'ils ne firent, par la suite, aucun changement et laissèrent croître les végétaux en liberté.

Pour me servir d'une expression profondément originale de maître Piécu, ils vécurent *dans les nuages*, ne voyant à peu près personne, non par malice ou dédain, mais tout simplement parce qu'ils n'y pensèrent jamais.

Puis, il aurait fallu se désenlacer quelques heures ou quelque minutes, interrompre les extases, et, ma foi! considérant la brièveté de la vie, ces époux extraordinaires n'en avaient pas le courage.

Un des plus grands hommes du Moyen Age, maitre Jean Tauler, raconte l'histoire d'un solitaire à qui un visiteur importun vint demander un objet qui se trouvait dans sa cellule. Le solitaire se mit en devoir d'entrer chez lui pour y prendre l'objet. Mais, en entrant, il oublia de quoi il s'agissait, car l'image des choses extérieures ne pouvait demeurer dans son esprit. Il sortit donc et pria le visiteur de lui dire ce qu'il voulait. Celui-ci renouvela sa demande. Le solitaire rentra, mais avant de saisir le dit objet, il en avait perdu la mémoire. Après plusieurs expériences, il fut obligé de dire à l'importun : — Entrez et cherchez vous-même ce qu'il vous faut, car *je ne puis garder votre image en moi* assez longtemps pour faire ce que vous me demandez.

Monsieur et madame Fourmi m'ont souvent rappelé ce solitaire. Ils eussent donné volontiers tout ce qu'on leur aurait demandé, s'ils avaient pu s'en souvenir un seul instant.

Leurs distractions étaient fameuses, on en parlait jusqu'à Corbeil. Cependant, ils n'avaient pas l'air d'en souffrir et la « funeste » résolution qui a terminé leur existence généralement enviée doit paraître inexplicable.

*
* *

Une lettre ancienne déjà de ce malheureux Fourmi, que je connus avant son mariage, m'a permis de reconstituer, par voie d'induction, toute sa lamentable histoire.

Voici donc cette lettre. On verra, peut-être, que mon ami n'était ni un fou, ni un imbécile.

« ... Pour la dixième ou vingtième fois, cher ami, nous te manquons de parole, outrageusement. Quelle que soit ta patience, je suppose que tu dois être las de nous inviter. La vérité, c'est que cette dernière fois, aussi bien que les précédentes, nous avons été sans excuses, ma femme et moi. Nous t'avions écrit de compter sur nous et nous n'avions absolument rien à faire. Cependant nous avons manqué le train, comme toujours.

» Voilà *quinze ans* que nous manquons tous les trains et toutes les voitures publiques, *quoi que nous fassions*. C'est infiniment idiot, c'est d'un ridicule atroce, mais je commence à croire que le mal est sans remède, C'est une espèce de fatalité cocasse dont nous sommes les victimes. Rien n'y fait. Il nous est arrivé de nous lever à trois heures du matin ou même de passer la nuit sans sommeil pour ne pas manquer le train de huit heures, par exemple. Eh! bien, mon cher, le feu prenait dans la cheminée au dernier moment, j'attrapais une entorse à moitié chemin, la robe de Juliette était accrochée par quelque broussaille, nous nous endormions sur le canapé de la salle d'attente, sans que ni l'arrivée du train ni les clameurs de l'employé nous réveillassent à temps, etc., etc. La dernière fois, j'avais oublié mon porte-monnaie...

» Enfin, je le répète, voilà quinze années que cela dure et je sens que c'est là notre principe de mort. A cause de cela, tu ne l'ignores pas, j'ai tout raté, je me suis brouillé avec tout le monde, je passe pour un monstre d'égoïsme, et ma pauvre Juliette est naturellement enveloppée dans la même réprobation. Depuis notre arrivée dans ce lieu maudit, j'ai manqué soixante-quatorze enterrements, douze mariages, trente baptêmes, un millier de visites ou démarches indispensables. J'ai laissé crever ma belle-mère sans la revoir une seule fois, bien qu'elle ait été malade près d'un an, ce qui nous a valu d'être privés des trois quarts de sa succession qu'elle nous a rageusement dérobés la veille de sa mort, par un codicille.

» Je ne finirais pas si j'entreprenais l'énumération des gaffes et mésaventures occasionnées par cette incroyable circonstance que nous n'avons jamais pu nous éloigner de Longjumeau. Pour tout dire en un mot, *nous sommes des captifs*, désormais privés d'espérance et nous voyons venir le moment où cette condition de galériens cessera pour nous d'être supportable... »

Je supprime le reste où mon triste ami me confiait des choses trop intimes pour que je puisse les publier. Mais je donne ma parole d'honneur que ce n'était pas un homme vulgaire, qu'il fut digne de l'adoration de sa femme et que ces deux êtres méritaient mieux que de finir bêtement et malproprement comme ils ont fini.

Certaines particularités que je demande la permission de garder pour moi, me donnent à penser que l'infortuné couple était réellement victime d'une machination ténébreuse de l'Ennemi des hommes qui les conduisit, par la main d'un notaire évidemment infernal, dans ce coin maléfique de Longjumeau d'où rien n'eût la puissance de les arracher.

Je crois vraiment qu'ils ne *pouvaient* pas s'enfuir, qu'il y avait, autour de leur demeure, un cordon de *troupes* invisibles triées avec soin pour les investir et contre lesquelles aucune énergie n'eût été capable de prévaloir.

*
* *

Le signe pour moi d'une influence diabolique, c'est que les Fourmi étaient dévorés de la passion des voyages. Ces captifs étaient, par nature, essentiellement migrateurs.

Avant de s'unir, ils avaient eu soif de courir le monde. Lorsqu'ils n'étaient encore que fiancés, on les avait vus à Enghien, à Choisy-le-Roi, à Meudon, à Clamart, à Montretout. Un jour même ils avaient poussé jusqu'à Saint-Germain.

A Longjumeau qui leur paraissait une île de l'Océanie, cette rage d'explorations audacieuses, d'aventures sur terre et sur mer n'avait fait que s'exaspérer.

Leur maison était encombrée de globes et de planisphères, ils avaient des atlas anglais et des atlas germaniques. Ils possédaient même une carte de la lune publiée à Gotha sous la direction d'un cuistre nommé Justus Perthes.

Quand ils ne faisaient pas l'amour, ils lisaient ensemble les histoires des navigateurs fameux dont leur bibliothèque était exclusivement remplie et il n'y avait pas un journal de voyages, un *Tour du Monde* ou un Bulletin de société géographique auquel ils ne fussent abonnés. Indicateurs de chemin de fer et prospectus d'agences maritimes pleuvaient chez eux sans intermittence.

Chose qu'on ne croira pas, leurs malles étaient toujours prêtes. Ils furent toujours sur le point de partir, d'entreprendre un interminable voyage aux pays les plus lointains, les plus dangereux ou les plus inexplorés.

J'ai bien reçu quarante dépêches m'annonçant leur départ imminent pour Bornéo, la Terre de feu, la Nouvelle-Zélande ou le Groënland.

Plusieurs fois même il s'en est à peine fallu d'un cheveu qu'ils ne partissent, en effet. Mais enfin ils ne partaient pas, ils ne partirent jamais, parce qu'ils ne pouvaient pas et ne devaient pas partir. Les atomes et les molécules se coalisaient pour les tirer en arrière.

Un jour, cependant, il y a une dizaine d'années, ils crurent décidément s'évader. Ils avaient réussi, contre toute espérance, à s'élancer dans un wagon de première classe qui devait les emporter à Versailles. Délivrance ! Là, sans doute, le cercle magique serait rompu.

Le train se mit en marche, mais ils ne bougèrent pas. Ils s'étaient fourrés naturellement dans une voiture désignée pour rester en gare. Tout était à recommencer.

L'unique voyage qu'ils ne dussent pas manquer était évidemment celui qu'ils viennent d'entreprendre, hélas ! et leur caractère bien connu me porte à croire qu'ils ne s'y préparèrent qu'en tremblant.

UNE IDÉE MÉDIOCRE

VII

UNE IDÉE MÉDIOCRE

à Louis Montchal,
dédicataire du « Désespéré »

Ils étaient quatre et je les ai trop connus. Si cela ne vous fait absolument rien, nous les nommerons Théodore, Théodule, Théophile et Théophraste.

Ils n'étaient pas frères, mais vivaient ensemble et ne se quittaient pas une minute. On ne pouvait en apercevoir un sans qu'aussitôt les trois autres apparussent.

Le chef de l'escouade était naturellement Théophraste, le dernier nommé, l'homme aux *Caractères* et je pense qu'il était digne de commander à ses compagnons, car il savait se commander à lui-même.

C'était une manière de puritain sec, harnaché de certitudes, méticuleux et auscultateur. Extérieurement, il tenait à la fois du blaireau et de l'estimateur d'une succursale de mont-de-piété, dans un quartier pauvre.

Quand on lui disait bonjour, il avait toujours l'air de recevoir un nantissement et sa réponse ressemblait à l'évaluation d'un expert.

Intérieurement, son âme était l'écurie d'un mulet inexorable, de l'espèce de ceux qu'on élève avec tant de sollicitude en Angleterre ou dans la cité de Calvin pour le transport des cercueils blanchis.

Il ne voulait pas cependant qu'on l'imaginât protestant, s'affirmait catholique jusqu'à la pointe des cheveux, ostensiblement mettait à sécher son cœur sur les échalas de la Vigne des élus.

Son fonds, c'était d'être *chaste*, et surtout de le paraître. Chaste comme un clou, comme un sécateur, comme un hareng saur ! Ses acolytes le proclamaient immarcessible et inéffeuillable, non moins albe et lactescent que le nitide manteau des anges.

Oserai-je le dire ? Il regardait les femmes comme du caca et le comble de la démence eût été de l'inciter à des gaillardises. D'une manière générale, il désapprouvait le rapprochement des sexes et toute parole évocatrice d'amour lui semblait une agression personnelle.

Il était si chaste qu'il eût condamné la jupe des zouaves.

Telle, à larges traits, la physionomie de ce chef.

*
* *

Qu'il me soit permis d'esquisser les autres.

Théodore était le lion du groupe. Il en était l'orgueil, la parure et c'était lui qu'on mettait en avant lorsqu'il s'agissait de diplomatie ou de persuasion, car Théophraste manquait d'éloquence.

Il est vrai qu'en ces occasions, Théodore se soûlait pour mieux rugir, mais il s'en tirait à la satisfaction générale.

C'était un petit lion de Gascogne, malheureusement privé de crinière, qui se flattait d'appartenir à la célèbre famille, à peu près éteinte aujourd'hui, des Théodore de Saint-Antonin et de Lexos, dont les rives de l'Aveyron connurent la gloire.

On eût été malvenu d'ignorer que ses armes, les fières et nobles armes de ses aïeux, étaient sculptées au porche ou dans un endroit quelconque de la cathédrale d'Albi ou de Carcassonne. Le voyage était trop coûteux pour qu'on entreprît une vérification, inutile d'ailleurs, puisqu'il donnait sa parole de gentilhomme.

Ces armes calquées avec attention sur du papier végétal, à la Bibliothèque nationale, ne me furent pas montrées, mais la devise : *Par la sambleu !* m'a toujours paru aussi simple que magnifique.

Bref, ce Théodore fascinait, éblouissait ses amis dont l'ascendance n'était, hélas ! que de croquants. Cependant, il ne pouvait être leur caporal, parce que tout éclat doit céder à la sagesse. C'était le terne mais impeccable Théophraste qui les avait unis en faisceau pour que les orages de la vie ne pussent les rompre. C'était lui qui les maintenait ainsi chaque jour, leur enseignant la vertu, leur apprenant à vivre et à penser, et le bouillant Achille avait noblement accepté d'obéir à l'oraculaire Nestor.

Théodule et Théophile peuvent être expédiés en quelques mots. Le premier n'avait de remarquable que son apparente robustesse de bœuf docile et plein d'inconscience à qui on eût pu faire labourer un cimetière. Il était simplement heureux de marcher sous l'aiguillon et n'avait presque pas besoin de lumière.

Le second, au contraire, marchait par crainte. Il ne trouvait pas le faisceau bien spirituel ni bien amusant ; mais s'étant laissé ligoter par Théophraste, il n'osait pas même concevoir la pensée d'une désertion et tremblait de déplaire à cet homme redoutable.

C'était un garçon très jeune, presque un enfant, qui méritait, je crois, un meilleur sort, car il me parut doué d'intelligence et de sensibilité.

*
* *

Voici maintenant l'idée misérable, l'imbécile guimbarde d'idée dont ces quatre individus formaient l'attelage. Si quelqu'un peut en découvrir une plus médiocre, je lui serai personnellement obligé de me la faire connaître.

Ils avaient imaginé de réaliser à quatre l'association mystérieuse des *Treize* rêvée par Balzac. Rêve *païen*, s'il en fut jamais. *Eadem velle, eadem nolle*, disait Salluste qui fut une des plus atroces canailles de l'antiquité.

N'avoir qu'une seule âme et qu'un seul cerveau répartis sous quatre épidermes, c'est-à-dire, en fin de compte, renoncer à sa personnalité, devenir nombre, quantité, paquet, fractions d'un être collectif. Quelle géniale conception !

Mais le vin de Balzac, trop capiteux pour ces pauvres têtes, les ayant intoxiquées, cet état leur parut divin, et ils se lièrent par serment.

Vous avez bien lu ? *Par serment*. Sur quel évangile, sur quel autel, sur quelles reliques ? Il ne me l'ont pas dit, malheureusement, car j'eusse été bien curieux de le savoir. Tout ce que j'ai pu découvrir ou conjecturer, c'est que, par formules exécratoires, et le témoignage de tous les abîmes étant invoqué, ils se vouèrent à cette absurde existence de ne jamais avoir une pensée qui ne fût la pensée de leur groupe, de n'aimer ou détester rien qui ne fût aimé ou détesté en commun, de ne jamais observer le moindre secret, de se lire toutes leurs lettres et de vivre ensemble à perpétuité, sans se séparer un seul jour.

Naturellement, Théophraste avait dû être l'instigateur de cet acte solennel. Les autres n'auraient pas été si loin.

Employés tous quatre dans le même bureau d'un ministère, il leur fut possible de réaliser l'essentielle partie du programme. Ils eurent le même gîte, la même table, les mêmes vêtements, les mêmes créanciers, les mêmes promenades, les mêmes lectures, la même défiance ou la même horreur de tout ce qui n'était pas leur quadrille et se trompèrent de la même façon sur les hommes et sur les choses.

Afin d'être tout à fait entre eux, ils *lâchèrent* malproprement leurs anciens amis et leurs bienfaiteurs, parmi lesquels un fort grand artiste qu'ils avaient eu la chance incroyable d'intéresser un instant et qui avait essayé de les prémunir contre la tendance de marcher à quatre pattes comme des pourceaux...

Des années s'écoulèrent de la sorte, les meilleures années de la vie, car l'aîné Théophraste avait à peine trente ans quand l'association commença. Ils devinrent presque célèbres. Le ridicule naissait tellement sous leurs pas, qu'ils durent plusieurs fois changer de quartier.

Les bonnes gens s'attendrissaient à voir passer ces quatre hommes tristes, ces esclaves enchaînés de la Sottise, vêtus de la même manière et marchant du même pas, qui avaient l'air de porter leurs âmes en terre et que surveillaient attentivement les sergots pleins de soupçons.

*
* *

Cela devait naturellement finir par un drame. Un jour, le combustible Théodore devint amoureux.

On avait aussi peu de relations que possible, mais enfin, on en avait. Une jeune fille que Dieu n'aimait pas crut bien faire en épousant un gentilhomme dont les armoiries embellissaient très certainement la cathédrale d'Albi ou la cathédrale de Carcassonne.

Il est bien entendu que je ne raconte pas l'histoire infiniment compliquée de ce mariage qui modifiait, de la manière la plus complète et la plus profonde, l'existence mécanique de nos héros.

Dès les premières atteintes du mal, Théodore, fidèle au programme, ouvrit son cœur à ses trois amis, dont la stupeur fut au comble. D'abord, Théophraste exhala une indignation sans bornes et répandit, en termes atroces, le plus noir venin sur toutes les femmes sans exception.

On faillit se battre et la Sainte-Vehme fut à deux doigts de se dissoudre.

Théodule se liquéfiait de douleur, cependant que Théophile, secrètement affamé d'indépendance et formant des vœux pour qu'une révolution éclatât, mais n'osant se déclarer, gardait un morne silence.

Néanmoins, tout s'apaisa, l'équilibre artificiel fut rétabli; chaque bloc, un instant soulevé, retomba lourdement dans son alvéole; et le terrible pion Théophraste, considérant que son troupeau allait, en somme, s'accroître d'une unité, finit par s'épanouir à l'espoir d'une domination plus étendue.

Les inséparables allèrent en corps demander, pour Théodore, la main de l'infortunée qui ne vit pas le gouffre où la précipitait son désir aveugle d'épouser un enfant des preux.

L'enfer commença dès le premier jour. Il avait été convenu que la vie commune continuerait. Les nouveaux époux obtinrent, il est vrai, d'être laissés seuls pendant la nuit, mais il fallut, comme auparavant, que tout le monde fut sur pied à une certaine heure et que nul ne bronchât dans l'observance du règlement le plus monastique.

Théodore dut rendre compte exactement, chaque matin, de tout ce qui avait pu s'accomplir dans l'obscurité de la chambre conjugale, et la pauvre femme découvrit bientôt avec épouvante qu'elle avait épousé *quatre* hommes.

L'avenir le plus effroyable se déroula devant ses yeux, au lendemain de ses tristes noces. Elle vit en plein la sottise ignoble du rastaquouère dont elle était devenue la femme et l'avilissant état d'esclavage qui résultait de cette affiliation d'imbéciles.

Ses lettres, à elle, furent décachetées par l'odieux Théophraste et lues à haute voix devant les trois autres, en sa présence. Le bison promena sa fiente et sa bave impure sur des confidences de femmes, de mères, de jeunes filles.

Du consentement de son mari, la tyrannie de ce cuistre abominable s'exerça sur sa toilette, sur sa tenue, sur son appétit, sur ses paroles, ses regards et ses moindres gestes.

Étouffée, piétinée, flétrie, désespérée, elle tomba au profond silence et se mit à envier, de tout son cœur, les bienheureux qui voyagent en corbillard et que n'accompagne aucun cortège.

*
* *

Dans les premiers temps, le quadrille l'enfermait à double tour, quand il allait à son bureau où l'administration ne lui eût pas permis de la conduire.

De très graves inconvénients le forcèrent à se relâcher de cette rigueur. Alors, elle fut libre ou put se croire libre d'aller et venir, environ huit heures par jour.

Elle ignorait que la concierge, grassement payée, inscrivait ses rentrées et ses sorties et que des espions échelonnés dans les rues voisines épiaient avec soin toutes ses démarches.

La prisonnière profita donc de ce simulacre d'élargissement pour s'enivrer d'un autre air que celui du cloître infâme où elle n'osait pas même respirer.

Elle alla voir des parents, d'anciennes amies, elle se promena sur le boulevard et le long des quais. Elle en fut punie par des scènes d'une violence diabolique et devint encore plus malheureuse : car Théodore, en surplus de ses autres qualités charmantes, était jaloux comme un Barbe-Bleue de Kabylie.

C'en était trop. Il arriva ce qui devait naturellement, *infailliblement* arriver sous un tel régime.

Madame Théodore écouta sans déplaisir les propos d'un étranger qui lui parut un homme de génie en comparaison de tels idiots. Elle le vit aussi beau qu'un Dieu, parce qu'il ne leur ressemblait pas, le crut infiniment généreux parce qu'il lui parlait avec douceur et devint sur-le-champ sa maîtresse, dans un transport d'indicible joie.

Ce qui vint ensuite a été raconté, ces jours derniers, dans un fait divers.

Mais on m'a dit que, le soir même de la chute, les quatre hommes étant réunis, le Démon leur apparut.

DEUX FANTOMES

VIII

DEUX FANTOMES

à *Laurent Tailhade.*

Peu de choses furent aussi affligeantes que la rupture de cette amitié.

Mademoiselle Cléopâtre du Tesson des Mirabelles de Saint-Pothin-sur-le-Gland et miss Pénélope Elfrida Magpie se chérissaient depuis trente hivers. Elles avaient même fini par se ressembler.

La première appartenait à la race chevaline de ces bas-bleus invendables et sans pardon qu'aucun holocauste n'apaise.

Elle avait écrit une vingtaine de volumes de sociologie ou d'histoire et crevé sous elle un égal nombre d'éditeurs. Il n'y avait pas assez de boîtes sur les quais pour recueillir ses tomes que des journaux agonisants offraient en prime à leurs abonnés et qu'un cartonnage peu précieux faisait aptes à récompenser l'application des jeunes élèves aux distributions de prix.

Fille d'un coriace traducteur d'Homère, dont elle seule déplorait la mort, et d'une effroyable dame boucanée par les solstices qu'on croyait une vieille espionne, cette Corinne des sarcophages ne se consolait pas de n'avoir pu naguère épouser un homme célèbre dont elle se crut adorée.

Ayant été belle en des temps anciens, au dire de quelques paléographes, elle s'était, en frémissant, résignée à planter l'arbre de la liberté philosophique au milieu de ses propres ruines.

Toujours habillée de noir, *jusqu'au bout des ongles*, et les cheveux en nid de cigogne, les rares tranches d'elle-même qu'une bienséance toute britannique lui permettait d'exhiber, étaient poisseuses d'une couche épaisse de crasse dont les premiers alluvions remontaient sans doute à la Révolution de Juillet.

Par le visage, elle ressemblait à une pomme de terre frite roulée dans de la raclure de fromage. Ses mains donnaient à penser qu'elle avait « déterré sa bisaïeule », comme dit un proverbe scandinave.

Enfin toute sa personne exhalait l'odeur d'un palier d'hôtel garni de vingtième ordre, au sixième étage.

Elle était néanmoins fort admirée de tout un groupe de jeunes anglaises dont l'indépendance était assurée par l'élevage des bestiaux ou le trafic international de ces précieux nègres qui blanchissent en vieillissant.

On venait de divers points du Royaume-Uni chez mademoiselle du Tesson, pour apprendre la littérature et les hautes façons du grand siècle dont elle était la dernière et la plus illustre professoresse.

Mais elle entendait que ces disciples gracieuses fussent encore plus ses amies que ses écolières. Persuadée, peut-être par son expérience personnelle, que le cœur d'une jeune fille est un gouffre de turpitudes et de crimes, elle les incitait à la confiance, les tisonnait de questions bizarres, de suggestives et corruptrices demandes, se faisait l'ouvreuse de leurs âmes.

En échange des aveux dont elle avait soif, elle offrait sa protection. Comme elle avait le renom d'une femme très supérieure, les petites volailles se laissaient ordinairement soutirer, en même temps que leur propre histoire, les histoires plus ou moins carabinées de leurs parents ou de leurs proches.

Mademoiselle du Tesson se disait catholique, mais n'approuvait pas la messe et parlait avec un vif enthousiasme des beautés du protestantisme.

*
* *

Miss Pénélope vivait exclusivement pour assurer le bonheur d'autrui. Cette Écossaise, informée de l'inexistence de Dieu, adorait avec une égale ferveur tous les habitants de la planète.

On la rencontrait sans cesse par les rues, allant porter des consolations aux uns et aux autres. Elle ne pouvait entendre parler d'une catastrophe, d'une maladie ou d'une affliction sans qu'aussitôt elle s'élançât afin de répandre, sur les dolents ou les abîmés, le dictame de ses conseils et l'électuaire de sa compassion.

Elle aurait voulu être partout à la fois et parvint souvent, à force de diligence, à donner l'illusion de l'ubiquité.

On la trouvait à la même heure au chevet d'un agonisant, à la réception d'un immortel, dans l'escalieur d'un éditeur ou d'un journaliste, dans le salon de quelque juive, à l'ouverture d'un testament ou derrière le cercueil d'un mort.

Elle se faufilait ainsi, pénétrait dans la vie d'une multitude qui finissait par la supposer indispensable à quelque équilibre mystérieux.

Certains même la crurent un ange, mais d'une classe d'anges, il est vrai, non catalogués par saint Denys l'Aréopagite, cantonnés à une distance infinie du Trône de Dieu, dans un steppe désolé du ciel, où les rivières, les sources vives et le savon de Marseille sont inconnus.

C'était, hélas ! un ange malpropre, et je pense que telle fut l'origine peu connue de l'attraction qui avait orbité cette planète folle autour de la fixe Cléopâtre considérée comme un astre sage.

Il eût été difficile de prononcer laquelle des deux l'emportait en immondices. C'était une émulation de saleté, un assaut de crotte, un antagonisme de taches et de sédiments impurs, une compétition de pulvérulences, un conflit de déchirures et de pendeloques, un tournoi d'exhalaisons renardières, de remugles, de relents et d'empyreumes.

Ces deux créatures s'aimaient, d'ailleurs, sans aveuglement et se jugeaient, en toute occasion, avec une extrême indépendance.

— Cette Pénélope est vraiment par trop cochonne, claironnait la du Tesson. Il faudrait une drague pour la nettoyer.

— Je ne conçois pas, flûtait à son tour miss Magpie, que notre chère Cléopâtre se néglige à ce point. C'est à croire qu'elle a résolu d'inspirer le dégoût. L'administration de la voirie devrait bien lui envoyer une équipe.

A cela près, elles se trouvaient infiniment bien et leur amitié marchait à ravir.

*
* *

Une chose grave, pourtant, les divisait, Cléopâtre voulait qu'on se mariât, n'importe à quel autel.

— Tant qu'on ne vit pas de la « double vie », disait-elle, on ne vit pas en réalité. Physiquement, une femme sans mari *ne respire que par en haut*...

Avec une grande patience et une hauteur de vues difficilement égalable, elle développait à ses insulaires ce considérable axiome.

Pénélope déclarait, au contraire, que le mariage est un état d'ignominie et que la prétendue nécessité de coucher avec un homme est une insoutenable abomination.

Ces deux vierges indécrottables se querellèrent donc fréquemment à ce sujet. Mais la victoire demeurait toujours à la dévorante Cléopâtre qui broyait, en se jouant, les objections de son adversaire.

Elle ne lui concédait qu'un seul point : l'évidente infériorité des hommes, et cela faisait tant de plaisir à Miss Magpie que la discussion finissait.

Tant bien que mal il demeurait acquis à jamais que l'union des sexes est une loi physiologique et que la trop légitime horreur des femmes distinguées pour ce hideux accouplement n'est insurmontable qu'en apparence.

— La littérature manque de femmes, concluait

avec énergie la doctoresse et le mariage est l'unique moyen d'en faire. Au petit bonheur ! Et tant pis s'il pousse des hommes à côté.

Un jour, à l'insu de son amie, Cléopâtre fonda une agence matrimoniale, une toute petite agence très discrète qui n'agitait le brandon de ses offres et de ses demandes que dans des journaux d'une irréprochable correction.

Un prospectus anonyme sur papier rose informait les amateurs que *l'Ange gardien du Foyer* n'entreprenait que des « mariages d'amour ». Il refusait de tremper dans des manigances d'argent, n'offrait pas des virginités douteuses, ne faisait pas scintiller aux yeux des aventuriers des grappes et des girandoles de millions.

Non. L'*Ange gardien* s'était donné pour mission exclusive de rapprocher les « cœurs d'élite » qui, sans lui, ne se fussent jamais connus, de faciliter des rencontres et des pourparlers d'une innocence garantie. Il battait le rappel des candeurs ignorées, des lys dans l'ombre, des âmes pures et meurtries que le monde ne comprend pas, ne se prêtait, en définitive, qu'à des alliances complètement et absolument irréprochables.

Cette noble entreprise eut quelque succès. De vieilles puretés tremblantes d'espoir jaillirent de leurs antres, et coururent vider leurs économies dans les mains de Cléopâtre.

Une institutrice génevoise très austère et un vieillard décoré tout à fait affable recevaient les visiteurs ou les visiteuses et rédigeaient la correspondance.

La fondatrice ne payait de sa personne que dans certains cas difficiles où l'éloquence était nécessaire. Elle se faisait appeler alors madame Aristide.

Un beau jour, « environ le temps que tout aime et que tout pullule », Pénélope, oui, Pénélope elle-même se présenta, réclamant aussi l'époux idéal !...

Je n'y étais pas, malheureusement, mais il paraît que ses exigences furent excessives et qu'il fallut l'intervention de madame Aristide.

Quelle rencontre et quelle scène ! Cléopâtre enragée de son anonyme dévoilé et Pénélope furieuse d'être prise en flagrant délit de concupiscence, tout à coup sortirent leur âmes, leurs véritables âmes de mégères, mille fois plus puantes et plus odieuses que leurs carcasses, et réciproquement se les retournèrent sur la tête, comme des pots de chambre.

TERRIBLE CHATIMENT D'UN DENTISTE

IX

TERRIBLE CHATIMENT D'UN DENTISTE

à Edouard d'Arbourg.

— Enfin, monsieur, me ferez-vous l'honneur de me dire ce que vous désirez ?

Le personnage à qui s'adressait l'imprimeur était un homme absolument quelconque, le premier venu d'entre les insignifiants ou les vacants, un de ces hommes qui ont l'air d'être au *pluriel*, tant ils expriment l'ambiance, la collectivité, l'indivision. Il aurait pu dire *Nous*, comme le Pape, et ressemblait à une encyclique.

Sa figure, jetée à la pelle, appartenait à l'innumérable catégorie des faux mastocs du midi que nul croisement ne peut affiner et chez qui, cependant, tout, jusqu'à la grossièreté même, n'est qu'apparence...

Il ne put répondre sur-le-champ, car il était hors de lui et faisait précisément, à cette minute, une tentative désespérée pour être quelqu'un. Ses gros yeux pleins d'incertitude roulaient, presque jaillissant de leurs orbites, comme ces billes de jeu de hasard qui semblent hésiter avant de choir dans l'alvéole numérotée où va s'accomplir le destin d'un imbécile.

— Eh ! bougre de bougre, exclama-t-il à la fin, dans un fort accent de Toulouse, ce n'est pas le tonnerre de Dieu peut-être que je viens chercher dans votre boutique. Vous allez me conditionner un cent de lettres de faire part pour un mariage.

— Très bien, monsieur. Voici nos modèles, vous pourrez faire votre choix. Monsieur désire-t-il un tirage de luxe sur beau vergé ou sur japon impérial ?

— Du luxe ? parbleu ! On ne se marie pas tous les jours. Je pense bien que vous n'allez pas m'exécuter ça sur des torche-culs. Tout ce qu'il y a de plus impérial, c'est entendu. Mais surtout ne vous avisez pas de me foutre *un encadrement noir*, bon Dieu de bon Dieu !

L'imprimeur, simple bonhomme de Vaugirard, craignant d'être en présence d'un fou qu'il ne fallait pas exciter, se contenta de protester avec mesure contre le soupçon d'une telle négligence.

Quand il fut question de libeller la copie, la main du client tremblait si fort que l'ouvrier dut écrire sous sa dictée :

« Monsieur le docteur Alcibiade Gerbillon a l'honneur de vous faire part de son mariage avec Mademoiselle Antoinette Planchard. La bénédiction nuptiale sera donnée dans l'église paroissiale d'Aubervillers. »

— Vaugirard et Aubervillers, ça ne se touche guère ! pensa le typo qui se fit doucement régler.

. . .

Evidemment, ça ne se touchait pas. Il y avait bien quinze heures que le docteur Alcibiade Gerbillon, chirurgien-dentiste, errait dans Paris.

Toutes les autres démarches relatives à son mariage qui devait se faire dans deux jours, il venait de les accomplir tranquillement, à la manière d'un somnambule. Seule, cette formalité de la circulaire l'avait bouleversé. Voici pourquoi.

Gerbillon était un *assassin* privé de repos.

L'expliquera qui pourra. Ayant consommé son crime de la manière la plus lâche et la plus ignoble, mais sans aucune émotion, comme une brute qu'il était, le remords n'avait commencé pour lui qu'à l'arrivée d'une missive imprimée, largement encadrée de noir, par laquelle toute une famille éplorée le suppliait d'assister aux obsèques de sa victime.

Ce chef-d'œuvre typographique l'avait affolé, détraqué, perdu. Il arracha de très bonnes dents, aurifia maladroitement de négligeables chicots, s'acharna sur des gencives précieuses, ébranla des mâchoires que le temps avait respectées, infligeant à sa clientèle des supplices tout à fait nouveaux.

Sa couche d'odontechnicien solitaire fut visitée par de sombres cauchemars, dont grincèrent jusqu'aux dentiers en caoutchouc vulcanisé qu'il avait lui-même construits dans les orifices des citoyens éperdus qui l'honoraient de leur confiance.

Et la cause de ce trouble était exclusivement le banal message qu'avaient accueilli d'une âme si calme tous les patentés notables des alentours, — Alcibiade étant un de ces adorateurs du Moloch des Imbéciles, à qui l'Imprimé ne pardonne pas.

Le croira-t-on? Il avait assassiné, véritablement assassiné *par amour*.

La justice veut sans doute qu'un tel crime soit imputable aux lectures de dentiste qui faisaient l'aliment unique du cerveau de ce meurtrier.

A force de voir dans les romans-feuilletons les situations amoureuses dénouées de façon tragique, il s'était laissé gagner peu à peu à la tentation de supprimer, d'un seul coup, le marchand de parapluies qui faisait obstacle à son bonheur.

Ce négociant jeune et superbement endenté dont il n'avait aucune occasion de dévaster la mâchoire, était sur le point d'épouser Antoinette, la fille du gros quincaillier Planchard, pour laquelle brûlait silencieusement Gerbillon depuis le jour où, lui ayant cassé une molaire tuberculeuse, la charmante enfant s'était pâmée dans ses bras.

On allait publier les bans. Avec la décision rapide qui fait les dentistes si redoutables, Alcibiade avait machiné l'extermination de son rival.

Un matin d'averse torrentielle, le marchand de parapluies fut trouvé mort dans son lit. L'examen médical rendit manifeste qu'un scélérat de la plus dangereuse espèce avait étranglé ce malheureux pendant son sommeil.

Le diabolique Gerbillon, qui savait mieux que personne à quoi s'en tenir, confirma cet avis audacieusement et s'honora d'une logique implacable dans la démonstration scientifique du forfait. Ses mesures, d'ailleurs, étaient si bien prises qu'après une enquête aussi vaine que méticuleuse, la justice fut obligée de renoncer à découvrir le coupable.

*
* *

Le dentiste sanguinaire fut donc sauvé, mais non pas impuni, ainsi que vous l'allez voir.

Comme il entendait que son crime lui profitât, le

marchand de parapluies était à peine sous la terre qu'il commença le siège d'Antoinette.

L'attitude supérieure qu'il avait montrée au cours de l'enquête, les lumières dont il avait inondé ce drame obscur, enfin l'empressement respectueux de sa compassion délicate pour une jeune personne frappée si cruellement, lui facilitèrent l'accès de son cœur.

Ce n'était pas, à vrai dire, un cœur difficile à prendre, une Babylone de cœur. La fille du quincaillier était une vierge raisonnable et bien portante qui ne s'abîma que très peu dans sa douleur.

Elle ne prétendit pas à la vaine gloire des lamentations éternelles, n'afficha point d'être inconsolable.

— On ne vit pas pour les morts, un mari perdu, dix de retrouvés, etc., lui murmurait Alcibiade. Quelques sentences tirées du même gouffre lui dévoilèrent bientôt la noblesse de cet arracheur qui lui parut transcendant.

— C'est votre cœur, Mademoiselle, que je voudrais extirper, lui dit-il un jour. Parole décisive.

Ce mot charmant que l'éducation de la jeune fille lui permit heureusement de savourer, la détermina. Gerbillon, d'ailleurs, était un époux sortable. On s'entendit aisément et le mariage s'accomplit.

Pourquoi fallut-il qu'un bonheur si chèrement conquis fût empoisonné par le souvenir du mort? La fameuse lettre de deuil dont l'impression commençait à s'effacer, n'avait-elle pas réapparu dans l'imagination de ce meurtrier qui se croyait bêtement dénoncé par elle? L'avant-veille de son mariage, — on vient de le voir, — l'obsession était revenue plus forte, le poussant à la folie, le faisant errer tout un jour, comme un fugitif, dans ce Paris qu'il n'habitait pas, jusqu'à l'heure terrible où il avait enfin trouvé l'énergie de commander ses billets de mariage à cet imprimeur de Vaugirard qui avait certainement deviné son crime.

C'était bien la peine d'avoir été si malin, si débrouillard, d'avoir si bien dépisté la justice et d'avoir, contre toute espérance, obtenu la main d'une femme qu'on idolâtrait, pour en arriver à cette misère d'être fréquenté par des hallucinations !

*
* *

L'ivresse des premiers jours ne fut qu'un répit. Les fines cornes du croissant de la lune de miel des nouveaux époux n'avaient pas encore cessé de piquer l'azur, qu'il se produisit un germe de tribulation.

Alcibiade, un matin, découvrit le portrait du marchand de parapluies. Oh ! une simple photographie qu'Antoinette avait innocemment acceptée de lui lorsqu'elle se croyait à la veille de l'épouser.

Le dentiste outré de fureur la mit en pièces aussitôt sous les yeux de sa femme que cette violence révolta, bien que la relique ne lui parût pas fort précieuse.

Mais en même temps, -- parce qu'il est impossible de détruire quoi que ce soit, — l'image hostile qui n'existait auparavant sur le papier que comme le reflet visible de l'un des fragments de l'indiscernable Cliché photographique dont l'univers est enveloppé, s'alla fixer dans la mémoire soudainement *impressionnée* de madame Gerbillon.

Hantée, dès lors, par ce défunt dont le souvenir lui était devenu presque indifférent, elle ne vit plus que lui, le vit sans cesse, le respira, l'exhala par tous ses pores, en satura par tous ses effluves son triste mari qui fut, à son tour, surpris et désespéré de toujours trouver ce cadavre entre elle et lui.

Au bout d'un an, ils eurent un enfant épileptique, un enfant mâle monstrueux qui avait la figure d'un homme de trente ans et qui ressemblait d'une façon prodigieuse à l'assassiné de Gerbillon.

Le père s'enfuit en poussant des cris, vagabonda comme un insensé pendant trois jours, et le soir du quatrième, s'étant penché sur le berceau de son fils, l'étrangla en sanglotant.

LE RÉVEIL D'ALAIN CHARTIER

X

LE RÉVEIL D'ALAIN CHARTIER

à Rachilde.

« Cher ami, venez, ce soir, à onze heures. La porte du jardin sera entr'ouverte. Vous n'aurez qu'à la pousser doucement. Je vous attendrai sous le berceau. Mon mari est absent pour deux jours, et il a emmené le chien, Tant pis si je me perds. Je vous aime et veux être à vous. — ROLANDE. »

En recevant ce billet, le jeune Duputois devint si pâle que ses collègues supposèrent une catastrophe. Etant fort discret, il serra scrupuleusement le message dans le coin le plus mystérieux de son portefeuille et parla, balbutiant un peu, d'une menace de créancier.

Mais il lui fut impossible de se remettre au travail. La lecture de ces quelques lignes l'avait rompu, émietté. Il éprouva le malaise physique d'un homme qui n'a pas mangé depuis deux jours : tête vide, articulations douloureuses, fébrilité. Il eut un tison au creux de l'estomac, un battement de cœur insupportable et la boule hystérique dans l'œsophage.

C'est une remarque banale que le trouble de l'amour procure aux jeunes gens, et même aux vieillards, les sensations du condamné qu'on va traîner à la guillotine. Il existe une telle connexion entre le dernier supplice et la volupté qu'en certaines villes, au Moyen Age, les échevins ou les bourgmestres exigeaient que la tanière du bourreau fût reléguée dans les basses rues où l'on parquait la prostitution. Les paillards de « haulte futaye », comme dit Panurge, durent quelquefois s'y méprendre.

Florimond Duputois n'était plus assez jeune pour faire de la psychologie. Il avait, depuis plusieurs jours déjà, dépassé vingt ans et ne songeait pas à s'analyser.

Il constata seulement que la peau du crâne lui faisait très mal et que ses jambes flageolaient. Ayant, à diverses reprises, essayé de boire, l'eau de la carafe administrative lui parut avoir un arrière-goût de charogne.

— Enfin, se disait-il, pourquoi cette lettre? Je n'ai rien fait, en somme, pour la séduire, cette jolie femme. C'est tout au plus si je lui ai parlé deux fois, seul à seule, et je suis bien sûr qu'elle a dû me prendre pour un idiot. Il est vrai que je ne suis pas plus dégoûtant qu'un autre, surtout lorsque je dis des vers après dîner. Je conçois même très bien qu'une femme, à ce moment-là, puisse avoir un emballement, une toquade. Mon Dieu! oui, pourquoi pas? Mais tout de même, cette lettre est un peu raide et je trouve que le rendez-vous manque par trop de préliminaires.

Il se moralisa toute la journée, se fit à lui-même les plus sages remontrances, car ce jeune homme se nourrissait exclusivement des racines de la vertu.

Le mari était un ami ancien de sa famille qui l'avait utilement protégé. Il lui devait son emploi au ministère, la promesse d'un brillant avenir, un assez grand nombre de relations agréables, et il dînait chez lui plusieurs fois par mois. Il ne pouvait cocufier cet homme sans se plonger, tête en avant, dans un puits d'ordures. Cela, c'était le déshonneur certain, absolu, l'acte le plus bas et le plus fétide, une trahison à ne plus jamais relever la tête, etc.

En conséquence, il prit la résolution généreuse d'aller fort exactement au rendez-vous.

— Oui, certainement, il irait et on verrait bien ce qu'il avait dans le ventre. Il parlerait de la bonne sorte à cette épouse inconsidérée qui n'hésitait pas à lui sacrifier son honneur. Il saurait lui faire sentir l'énormité de sa faute et les inconvénients effroyables d'une liaison si dangereuse.

Enfin il la rendrait à son mari, la rejetterait dans les bras toujours ouverts de cet homme de bien qui ne saurait jamais qu'il avait été sur le point de subir le dernier outrage.

Il s'enflamma bientôt à la pensée de reconnaître ainsi les bienfaits de son protecteur.

— Ah! elle en avait eu de la chance, *la chère créature*, de tomber sur lui! Elle aurait tout aussi bien pu se livrer à quelque imbécile ou à quelque goujat qui n'eût pas manqué d'en abuser, de flétrir cette fleur penchée qui avait tant besoin qu'on la soutînt, qu'on la ranimât...

Combien d'autres, à sa place, qui ne verraient là qu'une occasion de satisfaire leurs sales instincts, de triompher en leur vanité de dindons et qui, déjà, sans aucun doute, eussent crié par dessus les toits la déchéance d'une malheureuse égarée, victime de son enthousiasme!...

J'ai oublié de dire que Florimond Duputois avait le nez en pied de marmite, les yeux en cuillers à pot, la bouche en suçoir de lépidoptère, la peau granuleuse, le croupion bas et une grande crainte des bœufs.

J'ajoute qu'il appartenait à la pléiade symboliste et qu'il collaborait assidûment au *Grimoire*, à la *Mélusine* et à la *Revue des Crotales*.

Il s'échappa de son bureau un peu avant l'heure, courut se faire adoniser chez un coiffeur qu'il encourageait, fit un dîner palingénésique, relut quelques pages de l'*Après-midi d'un faune*, dans le dessein d'élever son cœur et, sûr de lui, prit enfin l'omnibus d'Auteuil.

La petite porte du jardin de madame Rolande était entr'ouverte, en effet. Poussée par lui avec des précautions infinies, elle bâilla peu à peu sur un gouffre noir. L'allée, à peine visible près du seuil, se perdait aussitôt dans la profondeur des massifs.

Mais ayant été souvent admis à promener son inspiration dans ce labyrinthe, il en connaissait, comme on dit, tous les détours.

Refermant donc la porte derrière lui, il s'avança d'une allure processionnelle, ressaisi de tout son trouble, et la grosse cloche de son cœur sonnant à toute volée.

Le silence était aussi profond qu'aurait pu le désirer ou le craindre un malfaiteur, dans ce quartier sédatif habité par des malades ou des millionnaires très précieux.

A peine, au loin, dans la direction du Point-du-

Jour, quelques rumeurs vagues et la plainte prolongée d'un de ces chiens mélancoliques de Maldoror que tourmente l'infini...

A mesure qu'il approchait du berceau d'aristoloches et de chèvrefeuilles où l'attendait l'épouse coupable, son assurance diminuait, sa marche devenait plus incertaine, son tremblement plus irréprimable. A la fin, ses dents claquèrent avec tant de force qu'il craignit d'éveiller les petits oiseaux, et il se sentit tellement pâlir qu'il se demanda s'il n'allait pas teinter les feuilles de sa pâleur, à la manière d'un poisson phosphorescent.

*
* *

Une main, tout à coup, se posa sur son épaule.

— Je suis là, mon cher amour, disait la voix de madame Rolande.

Et, presque aussitôt, les deux bras de cette femme sans délai se nouèrent autour de son cou, pendant qu'un baiser de vie ou de mort lui mangeait l'âme.

Ah ! le vorace et fauve baiser que c'était là ! Le jeune homme avait tout prévu, excepté ce baiser fougueux, inapaisable, éternel ; ce baiser odorant et capiteux où passaient les parfums féroces des Fleurs du Mal, les volatils détraquants de la Venaison et les exécrables poivres du Désir ; ce baiser qui avait des griffes comme un aigle et qui allait à la chasse comme un lion ; qui entrait en lui de même façon qu'une épée de feu ; qui lui mettait dans les oreilles toutes les sonnailles des béliers ou des capricornes des montagnes ; cet épouvantable baiser d'opium, de folie furieuse, d'abrutissement et d'extase !

Les chastes vouloirs avaient décampé. Ils étaient au diable, au tonnerre de Dieu, dans le fond d'une crique de la lune, avec les harangues ou objurgations orphiques préalablement élaborées.

Duputois roulait aux abîmes, lorsqu'un bruit de pas se fit entendre. Les ténèbres étaient absolues. Impossible de distinguer quoi que ce fût.

La lyrique de la *Revue des Crotales* reçut alors, en plein milieu du visage, le coup du plat de deux mains furieuses qui le repoussaient et qui faillirent le jeter par terre.

Madame Rolande, se débarrassant du pauvre diable, avait bondi en arrière et, maintenant, il entendait le chuchotement de deux personnes qui s'éloignaient rapidement vers la maison.

Craignant d'exhaler un souffle et n'osant bouger de son poste, il demeura immobile plus d'une heure dans l'obscurité, espérant il ne savait quoi.

A la fin pourtant, rompu de fatigue et gelé par les étoiles, il regagna la porte du jardin, toujours entrebâillée, et se retrouva sur le bon trottoir des morfondus, n'ayant pas fait plus de bruit qu'une fourmi noire émigrant dans la nuit noire, aussi déconfit et courbatu que le puisse être un adolescent plein de soliloques et de prosodie.

* * *

Le lendemain, on le fit demander à l'antichambre de son ministère. Il se trouva en présence d'un très bel homme suffisamment athlétique, ayant l'air d'un officier de cavalerie de la politesse la plus exquise et qui lui parla en ces termes :

— Monsieur, une erreur de suscription a mis hier entre vos mains un billet de femme qui m'était destiné. Il est inutile, je pense, de vous rappeler le contenu de ce message. Je vous prie même de l'oublier soigneusement. En recevant, de mon côté, les quelques lignes qui eussent dû vous parvenir, j'ai deviné fort heureusement la substitution d'adresse, et j'ai pu arriver juste assez tôt pour en conjurer les suites funestes. On vous sait galant homme, et je compte que vous allez, en échange de la lettre que voici, me restituer sur-le-champ l'autographe qui m'appartient. J'ajoute — bien inutilement, à coup sûr, monsieur le poète — que *la maîtresse de César ne doit pas être soupçonnée.*

Cette dernière phrase trop claire était appuyée d'une façon tellement significative que le chétif, incapable d'expectorer une diphtongue, s'exécuta.

Voici quel était le contenu de l'autre missive :

« Monsieur Duputois, je vous serais infiniment

obligée de vouloir bien, à l'avenir, m'épargner l'honneur de vos dédicaces dans les petites revues. Vos poésies sont incontestablement délicieuses, mais j'avoue ma préférence pour une humble prose, et le rôle de muse ne me convient pas. Agréez, etc. »

Cette insignifiante aventure est arrivée en 187... Florimond Duputois, de plus en plus protégé, continue ses chants au ministère. On assure qu'il sera promu chevalier le 14 juillet prochain.

LE FROLEUR COMPATISSANT

XI

LE FROLEUR COMPATISSANT

à Remy de Gourmont.

Je le connus en 1864, lorsqu'il était à peine un adolescent. Nous vécûmes ensemble plus de vingt ans et je l'ai aimé comme on aime rarement un frère.

Aujourd'hui que le malheureux est descendu un peu au-dessous des morts, je peux bien dire que je fus pour lui l'éducateur le plus diligent, le plus attentif, le plus dévotieux.

Tout ce qu'il y eut de bon dans sa pauvre âme, — aussi dépourvue maintenant que les greniers de la

Famine, — il le reçut de ma bouche, comme sont nourris les enfants des aigles de nuit qu'épouvante la lumière.

J'empruntai à la lampe des autels, à la lampe qui ne s'éteint pas, la flamme tranquille et droite qu'il fallait pour désobstruer une intelligence naturellement élaboratrice de ténèbres.

Etant l'aîné, je le pris sur mes épaules et, durant un tiers de ma triste vie, je l'ai porté dans la rosace des horizons, le séparant chaque jour un peu plus des niveaux fangeux, à mesure que je grandissais moi-même, et je suis à jamais courbaturé de ce portement.

J'aurais eu horreur de me plaindre, cependant. J'étais si sûr d'avoir arraché une proie au Démon de la Sottise, une proie d'autant plus précieuse qu'elle semblait, à l'avance, dévolue, par son extraction, à ce Captateur de la multitude.

Némorin Thierry avait été récolté d'une basse branche de ce néflier de la Bourgoisie dont les fruits pourrissent aussitôt qu'ils touchent le sol. Il tenait, par conséquent, de ses auteurs, un esprit béant aux idées médiocres et rétractile à toute impression d'ordre supérieur.

Pédagogie plus que difficile, tour de force continuel. Il fallait, d'une main, boucher l'entonnoir et, de l'autre, lubrifier les petits conduits, sarcler le terroir et greffer le sauvageon, échenniller et provigner tout à la fois.

Il était indispensable de tirer ce pauvre être de ui-même, de le tamiser, de le filtrer, de l'inaugurer enfin, de lui conditionner, en quelque manière, un petit fantôme plus vivant qui lui soutirât peu à peu son identité.

Les résultats furent tels, en apparence, que je suis excusable d'avoir pu me considérer moi-même comme un thaumaturge, au point d'oublier la loi formelle de régression à leur type rudimentaire, des bêtes ou des végétaux dont on interrompt la culture.

J'eus le malheur de ne pas entendre les rappels incessants du gratte-cul primordial et indéfectible.

Je crus, en un mot, que ce pauvre Némorin pouvait marcher seul et l'ayant étayé vingt ans, je commis l'imprudence irréparable de le déposer sur le sol.

Ce qu'il est devenu, je ne sais pas comment j'aurai la force de le dire, mais pouvais-je supposer que tant d'efforts seraient si bêtement, si complètement, si abominablement perdus, dès le premier jour, et n'auraient pas d'autre salaire que cette amertume infinie d'en constater à la fin l'inutilité ?

*
* *

On le nommait le doux Thierry et ce n'était pas une antiphrase. Il était doux comme les plumules des colombes, doux comme les saintes huiles, doux comme la lune.

Qu'on ne me soupçonne pas ici d'exagération. Il était vraiment si doux qu'on ne pouvait imaginer un individu appartenant au sexe mâle et, par conséquent, appelé à la reproduction de l'espèce, qui le pût être davantage.

Il fondait dans la main comme du chocolat, lénifiait l'ambiance, faisait penser aux cocons des chenilles les plus soyeuses. Rien n'aurait pu le mettre en colère, exciter son indignation, et ce fut le désespoir d'un éducateur acharné à viriliser le néant, de ne jamais obtenir le plus pâle éclair, quelque furieusement qu'il attisât et qu'il fourgonnât cette conscience gélatineuse.

Plusieurs fois, j'entrepris de me rassurer en supposant une de ces natures que je demande la permis- de nommer *eucharistiques* « trempées d'ambroisie et de miel », disait Chénier, dont la force consiste précisément à tout endurer et qui semblent placées aux confins des tourbes humaines pour amortir les collisions ou les bousculades.

Mais cet état n'est présumable qu'accompagné de la prédestination théologique, et, par malheur, — je le reconnus trop tard, — certaines appétences ou velléités obscures écartaient absolument l'hypothèse du « vase élu », où se complaisait ma jocrisserie de précepteur.

Ledoux Thierry était simplement un petit cochon et appartenait à la race peu dominatrice des Frôleurs compatissants.

Quand commença-t-il à frôler et à compatir ? En quel avril de néfaste germination se développa tout à coup ce penchant bifide ? C'est Dieu qui le sait. Lui-même probablement n'aurait pu le dire, lorsqu'il paraissait capable encore de dire quelque chose et d'articuler des sons véritablement humains.

Ce que je sais bien, c'est qu'un beau jour, il se trouva complètement outillé pour la fonction. Les bureaux d'omnibus, les crèmeries achalandées par les petites ouvrières, les vestibules des gares, les églises même, furent les hippodromes de son choix.

Pénétré de cette idée qu'il lui fallait absolument une compagne, il la voulut *simple* avant toutes choses et, dès lors, par une conséquence aussi nécessaire que la translation des Globes, l'albumine de ses ancêtres exigea rigoureusement que la vulgarité sentimentale fût toujours l'élue de son cœur.

D'horribles souillasses minaudières lui parurent indécomposables comme la lumière de l'Empyrée. Mais le nombre en était si grand qu'il ne put jamais parvenir à fixer sa dilection.

Don Juan des trottins mûrs et des couturières galvanoplastiques en instance de protecteurs, il cherchait assidûment l'Objet idéal au milieu des foules.

Avec une patience merveilleuse que nul fiasco ne

déconcerta, il s'acharnait à découvrir la pleureuse tendre sur le sein de laquelle il eût pu poser, comme une gerbe de mimosas, son front chauve et plein d'amnisties.

Peu doué, dans le sens physiologique, il réprouvait en amour les pulsations vives et ne réclamait, sans doute, que très rarement les joies inférieures.

Ce qui l'enivrait, le délectait, le désopilait, saboulait son âme de délices et répandait en toute sa personne le benjoin ou l'oliban des béatitudinaires langueurs, c'était de *toucher à peine*, de palper infiniment peu, de promener çà et là — comme le bout de l'aile du zéphire, — son appareil de tactilité ; cependant qu'il exhalait de mélodieux et pitoyables gémissements sur le triste sort des muguets ou des liserons flétris que foule aux pieds l'indélicatesse des aventuriers de la paillardise.

* * *

Une si belle constance devait être récompensée. Béatrix apparut un jour à l'itinérant des cieux.

Vous éclaterez de rire tant que vous voudrez, mais c'est comme ça. Elle s'appelait réellement Béatrix et piquait à la mécanique.

Némorin la rencontra dans un établissement de bouillon et la frôla sans lassitude pendant sept années. Ses entrailles, il est vrai, s'entr'ouvrirent souvent, même alors, à d'intercalaires infortunes qui sollicitaient son pizzicato, Il ne se fût pas permis de claquemurer ainsi complètement sa vocation.

Béatrix, de son côté, ne parut avoir nulle soif de le confisquer, entreprit même, tous les printemps et tous les automnes, le licenciement de ce tripoteur lacrymal qui se cramponnait toujours.

N'importe, elle était quand même l'Idéale et la mort seule put la délivrer.

Combien de fois, lorsque j'essayais encore de le ressaisir, combien de fois, juste ciel! et avec quels yeux baignés d'infini, m'en parla-t-il, comme les premiers chrétiens parlaient de leur Dieu, sous la dent des bêtes !

Enfin, je le répète, cette liturgie de petits frissons et de soupirs lents permit à la terre de rouler sept fois autour du soleil.

— Est-elle du moins ta maîtresse ? lui demandais-je quelquefois.

Question brutale, j'en conviens, qui le faisait aussitôt remonter dans son vitrail. Sa réponse négative expirait dans un geste pieux.

Ai-je besoin de le dire ? Béatrix puait de la bouche et peut-être aussi, je pense, de ses larges pieds. Elle était si dinde qu'on se sentait pousser des caroncules au bout d'un quart d'heure de conversation.

Ses manières correspondaient à sa figure qu'on eût crue tirée du saloir d'un charcutier de la populace.

Hargneuse, en même temps, à faire avorter des chiennes, et pudibonde comme l'arithmétique, elle accueillait sans trop d'aigreur, dans son lit très pur, les suffrages crépusculaires de quelques boucs épuisés du petit négoce.

Le doux Thierry dut se résigner six fois sur dix, en lâchant des pleurs, à trouver la porte close. Il arriva même qu'on faillit le précipiter dans l'escalier, sous l'averse des malédictions les plus ordurières. Ces violences, qui le contristaient, lui parurent, néanmoins, dériver d'une âme tout à fait divine et quadruplèrent naturellement sa ferveur.

— Elle a tant souffert! disait-il, élevant ses deux mains jointes vers l'azur pris à témoin.

Béatrix, d'ailleurs, percevait en dîners ou petits cadeaux l'octroi de ce culte et toujours, dès le lendemain, clarifiait admirablement la situation.

Cette râclure de fille lui fit avaler cinq cents fois — en un autre style sans doute, mais avec quelle facilité! — le mot fameux de l'éblouissante Courtisane: « Ah! vous ne m'aimez plus! vous croyez ce que vous voyez et vous ne croyez pas ce que je vous dis! »

Némorin lui-même, dans l'élan sublime de sa foi, rencontra des mots qui me confondirent.

— *Elle m'a tout expliqué!* me dit-il, un jour, ayant aperçu, quelques heures auparavant, chez la bien-aimée, une paire de pantoufles d'homme et un ratelier de pipes *culottées* pour la plupart, — beaucoup plus, sans doute, que n'aurait pu le faire supposer l'endroit. Elle lui avait tout expliqué !...

*
* *

Mais maintenant ? Ah ! maintenant, c'est la mort qu'on frôle et la sale mort, je vous en réponds. C'est la mort ignoble qui ne demande pas de compassion et qui n'en offrit jamais à personne. C'est la Mort liquide...

Mon Dieu ! mon Dieu ! je l'avais pourtant tenu dans mes bras, cet enfant du Rien, ce fils de l'Inexistant, ce jumeau de l'Insignifiance et de l'Illusion dont j'espérais former un être vivant !

J'avais tenté de lui inspirer mon âme. J'avais travaillé, souffert, prié, crié, sangloté pour lui, des années, les plus chères et les plus précieuses de la vie !

J'avais pris sur moi des peines affreuses qu'il n'aurait pas eu la force de porter. Tout ce qu'un homme peut faire, je crois l'avoir fait, vraiment.

Pour qu'il fût armé contre les assignations du néant, j'avais fait passer devant lui, j'avais déroulé sur lui les images que rien n'efface ; je m'étais exterminé pour lui dessiner un trompe-l'œil des réalités qui ne peuvent pas finir... et je n'ai pas même obtenu de réaliser une canaille...

Il demande aujourd'hui, gâteusement, du matin au soir, qu'on ne plante pas de *croix* sur sa tombe, et il faut soutenir sa lèvre inférieure quand on lui donne à manger, avec une petite cuiller d'étain.

LE PASSÉ DU MONSIEUR

XII

LE PASSÉ DU MONSIEUR

à Eugène Demolder,

Pénètre, mon cœur,
Dans ce passé charmant.
Victor Hugo

— *Quatre-vingt mille francs!* monsieur. Vous ne vous embêtez pas. Et vous avez fait comme ça une centaine de lieues pour venir me les demander, à moi? Vous avez pensé que je n'hésiterais pas une minute à dépouiller ma femme et les enfants que je pourrais faire encore, pour payer les frasques de cette petite drôlesse que je ne reconnais plus du tout pour ma nièce, que je renie, vous m'entendez bien!

Voyons, décidément, vous me prenez pour un jobard. Quatre-vingt mille francs ! Pourquoi donc pas un million, pendant que vous y êtes ?

Ces paroles raisonnables me furent dites, il y a quinze ans, par un gros vigneron de la Charente-Inférieure dont la large face ressemblait au derrière d'un singe papion.

Je ne peux pas dire que j'avais eu beaucoup de confiance en allant trouver ce marchand de vins richissime, jusqu'alors inconnu de moi. Je savais trop le dénuement proverbial des millionnaires et leur guigne atroce qui ne permet jamais que la plus mince partie de leur avoir soit disponible au moment précis où on les implore.

Toutefois, l'énormité même de la somme à obtenir me faisait espérer, au moins, quelques égards. Mais, dès le premier coup d'œil, j'avais eu le pressentiment de mon insuccès fatal et je n'avais accompli la démarche que pour libérer ma conscience.

Démarche, il est vrai, des plus singulières. Il s'agissait de faire entrer dans cette futaille une quantité spécifique de désintéressement familial pouvant équivaloir à la dixième partie d'un million, et j'étais, à coup sûr, l'ambassadeur le plus mal troussé pour ce genre de négociations.

— Mon Dieu ! monsieur, répondis-je, vous êtes vraiment trop aimable de ne pas lâcher tout de suite vos chiens sur moi ou de ne pas envoyer quérir les gendarmes. Cela m'encourage à vous rappeler que j'agis au nom d'une morte, c'est-à-dire pour obéir aux dernières volontés d'une malheureuse fille qu'on enterrait avant hier. Je ne suis en cela, vous le sentez bien, qu'un mandataire bénévole qui s'est beaucoup dérangé. Libre à vous de ne rien faire et même de renier, tant qu'il vous plaira, votre propre sang. Mais je suis très las de mon voyage et je m'étonne que vous ne m'ayez pas fait encore la plus légère démonstration d'hospitalité.

Ces derniers mots tendant à prolonger l'entrevue de quelques heures durant lesquelles je m'efforcerais d'enlacer mon hôte, ne lui déplurent pas. Il s'adoucit, devint même tout à fait cordial et me fit déjeuner avec lui.

Mais quelque allumante et suggestive que fût la table du viticole, mes finesses diplomatiques, aussi bien que mon éloquence attendrie, se trouvèrent inefficaces, ainsi que je l'avais prévu, et je n'emportai de cette visite qu'une confirmation plus amère de mon impuissance à pénétrer les carapaces des hippopotames ou des philosophes pachydermateux.

*
* *

L'histoire de la nièce est peut-être ce que j'ai connu de plus extraordinaire dans le lamentable. Elle se nommait Justine D... et mourut à vingt-huit ans, dans le plus horrible désespoir.

Un tiers de cette existence *trop* longue fut exclusivement et vainement employé à la conquête d'un pauvre homme jugé par elle supérieur, qu'elle adora jusqu'au crime et dont elle voulut, à quelque prix que ce fût, devenir la femme. Notre fin de siècle amincie et spiraliforme, comme la queue d'un porc, doit offrir peu d'exemples d'un pareil ensorcellement.

Le miracle, c'est que cette fleur de passion, cette passiflore d'amour s'était développée dans l'humus le plus réfractaire, dans les conditions les plus défavorables qui se puissent imaginer.

C'était une de ces vierges au cordeau, telles que le commerce des tissus ou le monopole des salaisons nous en conditionne, engendrée du flanc estimable d'un négociant qui avait toujours payé recta.

Elevée, par conséquent, dans l'horreur sage des constellations et des auréoles, on devait naturellement ne supposer rien de plus rectiligne que ses sentiments ou ses transports.

Son cœur avait été cultivé comme un jardin potager de peu d'étendue où les moindres plates-bandes seraient calculées pour le pot au feu. Pas de ces fleurs inutiles dont l'éclat frivole ne profite pas. Tout au plus quelques pensées ou quelques violettes en bordure des haricots et de la salade, pour ne pas exiler complétement la poésie.

Deux ou trois tomes dépareillés d'Émile Souvestre ou du grand Dumas, un recueil de morceaux choisis et la quotidienne lecture des faits divers du *Petit Journal* étanchaient surabondamment sa soif littéraire.

Enfin jamais fille n'avait paru plus désignée pour devenir l'ornement et la récompense d'un « honnête homme ».

Je ne me charge pas d'expliquer les prodiges non plus que les mystères, et il ne faut pas compter sur moi pour une élucidation psychologique des histoires trop *arrivées* dont je me suis fait le narrateur.

Ce qui est sûr, c'est que l'arbre donna des fruits qui ne permirent plus de le reconnaître et que le potager minuscule produisit des fleurs étranges, probablement exotiques, à la place même où l'on s'attendait à voir sortir des navets ou des pommes de terre.

Une héroïne, une véritable et scandaleuse héroïne d'amour, apparut tout à coup en cette Justine qu'on avait crue digne de s'élever jusqu'au traversin d'un homme d'affaires.

Seulement, pour que la nature ne perdît pas tous ses droits, celui qu'elle aima, beaucoup plus que sa propre vie, était un médiocre parmi les médiocres, un employé blond qui raclait l'alto, léchotait de petits paysages en savon et conservait, à trente ans, le prestige du poil follet de l'adolescence.

Ce basilic des demoiselles de comptoir lui donna
l'Illusion sublime. Et voici l'incroyable drame qui
s'ensuivit.

.·.

Narcisse Lépinoche, tel était le nom du vainqueur,
ne refusait pas absolument d'épouser Justine. Autant
celle-là qu'une autre, après tout. Mais n'ayant, hor-
mis son emploi, que des échéances d'usurier pour
tout capital et désirant, au surplus, jeter le filet
quelque temps encore, il ne montrait aucune hâte
fébrile d'enchaîner à son existence une jeune personne sans le sou dont la beauté n'avait rien de fou-
droyant.

Je ne l'ai jamais cru sordide, mais un désintéressement héroïque n'était pas son fait ; et puisqu'on
parlait d' « entrer en ménage », la prudence rudimentaire n'exigeait-elle pas qu'on attendît au moins
l'héritage de l'oncle Tiburce, qui gagnait cent mille
francs par an dans ses échalas et ne tarderait guère,
sans doute, à quitter un monde où sa belle âme était
en exil ?

Justine se trouvait, en effet, ruinée, depuis quelque
temps déjà, par son imbécile de père, qui avait engagé
toute sa fortune pour le percement du fameux tun-
nel sous l'Himalaya, destiné à relier l'Inde anglaise
à la Mantchourie.

L'insuccès colossal de cette entreprise ayant précipité le spéculateur au plus profond des abîmes, la jeune fille vivait avec sa mère sur de misérables débris de l'opulence d'autrefois, se cramponnant à l'espoir de cet héritage bienheureux qui devait l'unir à son Lépinoche qu'elle imaginait chaque jour plus beau, plus idolâtrable.

Car c'était son oncle, à elle, le propre frère de son père, ce Tiburce des vins et spiritueux qu'on savait si riche et si avare, mais qui était vieux et sans enfants. Une fois l'an, par l'effet d'une antérieure habitude, il envoyait une caisse de bouteilles et c'était tout. Il fallait attendre, hélas! puisque cet homme ne pouvait être utile qu'à la manière des cochons, c'est-à-dire après sa mort.

Le grigou, par malechance, ne semblait pas vouloir crever, et les années passèrent ainsi. Justine se voyant vieillir elle-même, luttait avec rage et Lépinoche, visiblement dégoûté, se cachait à peine de chercher ailleurs.

Il devenait même insolent. Je n'ai pas su tous les épisodes ou péripéties, mais à coup sûr la pauvre fille brûlait trop pour avoir jamais refusé quelque chose à son misérable amant et je crus, plus d'une fois, remarquer en celui-ci la blague féroce, la cruauté lâche d'un bellâtre qui n'en est plus à solliciter quoi que ce soit et qui n'a rien donné pour tout obtenir.

* *

Un jour on vint, en toute hâte, me chercher de la part de cette malheureuse qui voulait me parler seul à seule avant de mourir.

Le prêtre, que je rencontrai dans l'escalier, parut heureux de me voir. Il était fort pâle et m'affirma que ma présence le délivrait d'un grand poids. Puis, il s'en alla, me suppliant d'être *charitable*.

J'arrivais à peine d'un long voyage et je n'avais pas vu Justine depuis quelques mois. J'eus peine à la reconnaître, tellement elle était devenue belle sous les griffes de la mort.

Je ne retrouvai que les yeux — quels yeux ! — dans une face toute blanche où passaient des ombres et des clartés, comme si on eût promené devant elle un flambeau.

Les lèvres, absolument décolorées, n'étaient visibles qu'en opposition à la ligne sombre des dents noircies par la fièvre. Tout le reste indistinct, unifié, fondu dans cette blancheur presque nitide, presque lumineuse, — un bloc d'albâtre poli réverbérant un tapis de neige ! Les cheveux avaient disparu dans une ample coiffe.

Je suis sûr de n'avoir senti, en cette occasion, que de la pitié, la plus déchirante pitié de ma vie, surtout lorsqu'elle me parla. Plus tard, seulement, je devais sentir la beauté surnaturelle de cette configuration de l'Épouvante et de la Douleur.

dait, assise dans son lit.

— Monsieur, dit-elle à voix très-basse, je viens de recevoir l'extrême-onction et je vais mourir... Dieu est très bon et j'espère qu'il ne me rejettera pas... Je vous ai prié de venir parce que vous êtes un ami véritable et que vous accomplirez, j'en suis certaine, ce que vous demande humblement un cœur désolé.

Personne, excepté le prêtre qui sort d'ici, ne sait encore ce que j'ai fait. Quand je serai morte, tout le monde le saura et ce sera une honte horrible...

J'ai ruiné plusieurs personnes qui avaient confiance en moi et que j'ai trompées odieusement. Depuis trois ans, ma vie n'a été qu'une imposture, un mensonge de tous les jours, de toutes les heures. J'ai fait croire à d'anciens amis de la famille, que nous n'étions pas ruinées, ma mère et moi. On m'a prêté des sommes importantes que j'ai jetées dans la spéculation et que j'ai perdues. Je faisais, sans y rien entendre, mais avec une obstination de damnée, le trafic des valeurs de Bourse dans l'espérance de gagner une fortune... Vous comprenez... Je voulais devenir riche pour celui que j'aimais à la perdition de mon âme, que j'aime encore et pour qui je meurs... *inutilement !*

... J'ai volé de très pauvres gens. Une fois, monsieur, j'ai dérobé à une vieille femme infirme et presque aveugle quelques titres ou obligations qui étaient tout son bien et je les ai remplacés par des prospectus en papier de couleur... Cette chrétienne qui me chérissait sera forcée de mendier son pain.

Comme je perdais continuellement, j'étais prête à tous les crimes dans l'illusion de me rattraper... Enfin, je dois plus de QUATRE-VINGT MILLE FRANCS ! Mon oncle seul pourrait les payer, mon oncle riche dont j'ai si souvent désiré la mort. Allez le trouver, je vous en supplie, aussitôt qu'on m'aura mise dans la terre et dites-lui bien que *c'est moi qui meurs*, et que je meurs épouvantée de toutes ces malédictions sur ma pauvre tombe !... Epouvantée !...

L'agonisante poussa un grand cri et, me jetant les bras autour du cou, aboya ces derniers mots que j'entends encore :

— Ah ! si vous saviez... si vous saviez ce que je vois !...

C'était la fin. Je fus forcé de me délier du cadavre dont les ongles m'entraient dans la chair et dont les yeux, incroyablement dilatés, regardaient toujours...

L'oncle, naturellement, ne paya rien et Lépinoche, à qui je racontai cette mort, quelque temps après, m'avoua qu'il trouvait tout cela bien triste, vraiment.

Quatre ans plus tard, il épousait la fille d'un larbin

de haut parage, une femme honnête, celle-là, qui réprouve toutes les démences et ne lui permet plus de me fréquenter.

TOUT CE QUE TU VOUDRAS!...

XIII

TOUT CE QUE TU VOUDRAS !...

―――――

au Prince Alexandre Ourousof.

Maxence, fatigué d'une longue soirée de plaisir, arrivait à l'angle de la rue et de la ruelle Dupleix, de l'autre côté de l'École militaire. L'endroit, simplement ignoble en plein jour, était, à une heure du matin, cette nuit-là, quelque peu sinistre. La ruelle noire, surtout, ne rassurait pas. Ce tronçon de voie fangeuse où l'on travaille à vil prix l'artilleur et le cavalier dans des garnos effrayants, inquiétait le noctambule.

Il délibéra pourtant. Une rumeur arrivait du boulevard de Grenelle redouté des sages, et l'horreur de tomber dans un conflit de pochards l'inclinait à choisir le boyau malpropre à l'extrémité duquel il se croyait sûr de trouver un plus paisible vallon pour le cours de ses rêveries amoureuses.

Il sortait des bras de sa maîtresse et sentait le besoin de cuver sa paillardise dans la somnolence d'un retour sans perturbation.

— Eh bien ! te décides-tu, oui ou non ? dit une voix abjecte qui cherchait à se faire aimable.

Maxence, alors, vit se détacher du mur le plus proche une grosse femme qui vint lui offrir la denrée précieuse de son amour.

— Je ne te prendrai pas cher, va, et je ferai tout ce que tu voudras, mignon.

Elle défila le programme. Le rôdeur immobile écoutait cela comme il eût écouté battre son cœur. C'était stupide, mais il n'aurait pu dire pourquoi cette voix le remuait. Il n'aurait pu le dire, le pauvre homme, quand même il se fût agi de sauver sa peau. Cependant son trouble était bien certain. Et ce trouble devint une angoisse insupportable, quand il sentit son âme s'en aller à la dérive sur ce boniment d'ignominie qui le portait comme un reflux vers les amonts les plus lointains de son passé.

Souvenirs de suavité merveilleuse que cette façon de reparaître profanait indiciblement ! Les impressions de son enfance avaient été quelque chose de divin et sa vie actuelle n'était, hélas ! rien de glorieux.

Lorsqu'il cherchait à se récupérer, en les évoquant après quelque noce, elles accouraient bonnement et fidèlement à lui, ces impressions, comme des brebis frileuses et abandonnées qui ne demanderaient pas mieux que de toujours suivre leur pasteur...

Mais cette fois, il ne les avait point appelées. Elles venaient d'elles-mêmes, ou plutôt, c'était *une autre voix* qui les appelait, une voix aussi écoutée, sans doute, que la sienne, et c'était abominable de n'y rien comprendre.

. .
. .

— *Tout ce que tu voudras !* je te ferai tout ce que tu voudras, mon trésor...

Non, vraiment, ce n'était pas tolérable. Sa mère était morte, brûlée vive dans un incendie. Il se souvenait d'une main carbonisée, la seule partie qu'on eût osé lui montrer du cadavre.

Sa sœur unique, son aînée de quinze ans, qui l'avait élevé avec tant de sollicitude et de laquelle il tenait ce qu'il y avait en lui de meilleur, avait fini d'une manière non moins tragique. L'océan l'avait avalée avec cinquante passagers ou passagères, dans un naufrage trop fameux, sur l'une des côtes les plus inhospitalières du golfe de Gascogne. Il n'avait pas été possible de retrouver son corps.

Et ces deux créatures douloureuses le possédaient chaque fois qu'il s'accoudait, en regardant couler sa propre vie, sur le parapet de sa mémoire.

Eh bien ! c'était horrible, c'était monstrueux, mais la gueuse qui le tenait là, sur ce trottoir, sur ce quai d'enfer, comme dit Mæterlinck, avait exactement la voix de sa sœur, de cette créature d'élection qui lui avait paru appartenir aux hiérarchies angéliques et dont les pieds, croyait-il, eussent purifié la boue de Sodome.

Oh! sans doute, c'était sa voix inexprimablement dégradée, tombée du ciel, roulée dans les sales gouffres ou meurt le tonnerre. Mais c'était sa voix tout de même, à ce point qu'il fut tenté de s'enfuir en criant et en sanglotant.

C'était donc vrai que les morts peuvent se glisser de la sorte parmi ceux qui vivent ou qui font semblant d'être des vivants !

Au moment même ou la vieille prostituée lui promettait sa viande exécrable, et dans quel style, justes cieux ! il entendait sa sœur, mangée par les poissons depuis un quart de siècle, lui recommander l'amour de Dieu et l'amour des pauvres.

— Si tu savais comme j'ai de belles cuisses ! disait la vampire.

— Si tu savais comme Jésus est beau ! disait la sainte.

— Viens donc chez moi, gros polisson, j'ai un bon feu et un bon lit. Tu verras que tu ne t'en repentiras pas, reprenait l'une.

— Ne fais pas de peine à ton ange gardien, murmurait l'autre.

Involontairement, il prononça *tout haut* cette recommandation pieuse qui avait rempli son enfance.

La quémandeuse, à ces mots, reçut une secousse et se mit à trembler. Levant sur lui ses vieux yeux liquides, sanguinolents, — miroirs éteints qui paraissaient avoir reflété toutes les images de la débauche et toutes les images de la torture, — elle le regarda avidement, de ce regard effroyable des noyés qui contemplent, une dernière fois, le ciel glauque, à travers la vitre d'eau qui les asphyxie...

Il y eut une minute de silence.

— Monsieur, dit-elle enfin, je vous demande pardon. J'ai eu tort de vous parler. Je ne suis qu'un ancien chameau, une paillasse à voyous, et vous auriez dû me jeter à coups de pied dans le ruisseau. Rentrez chez vous et *que le Seigneur vous protège.*

Maxence confondu la vit aussitôt s'enfoncer dans les ténèbres.

* *

Elle avait raison, après tout, il fallait rentrer. L'attardé se dirigea donc vers le boulevard de Grenelle, mais avec quelle lenteur ! Cette rencontre l'avait assommé littéralement.

Il n'avait pas fait dix pas que la vieille mangeuse de cervelles reparut, courant après lui.

— Monsieur, je vous en supplie, n'allez pas par là.

— Et pourquoi n'irais-je pas par là ? demanda-t-il. C'est mon chemin, puisque j'habite Vaugirard.

— Tant pis, il faut revenir sur vos pas, faire un détour, quand vous devriez marcher une heure de plus. Vous risquez de vous faire assommer en traversant le boulevard. Si vous voulez le savoir, la moitié des souteneurs de Paris se sont réunis là pour leurs affaires. Il y en a depuis les Abattoirs jusqu'à la Manufacture des tabacs. La police leur a cédé la place. Vous n'auriez personne pour vous protéger, et on vous ferait certainement un mauvais parti.

Maxence fut tenté de répondre qu'il n'avait pas besoin d'être protégé, mais il sentit, par bonheur, la sottise d'une telle bravade.

— Soit, dit-il, je vais remonter du côté des Invalides. C'est un peu fort tout de même. Je suis éreinté et ce supplément de vadrouille m'exaspère. On devrait bien lancer de la cavalerie sur ces marlous...

— Il y aurait peut être un moyen, dit la vieille, après un instant d'hésitation.

— Ah ! voyons ce moyen.

Très humblement, alors, elle exposa qu'étant fort

connue dans ce joli monde, il lui serait facile de faire passer quelqu'un...

— Seulement, ajouta-t-elle avec une douceur surprenante, il faudrait qu'on pût croire que vous êtes une... connaissance, et pour cela il serait indispensable de me laisser prendre votre bras.

Maxence, à son tour, hésita, craignant quelque piège. Mais une force inconnue agissant en lui, son hésitation fut courte, et il put traverser sans injures la foule immonde, ayant, à son bras et près de son cœur, cette créature que félicitèrent au passage plusieurs bandits, et qui était vraiment à décourager le Péché même.

Pas un mot, d'ailleurs, ne fut échangé entre eux. Il remarqua seulement qu'elle pressait son bras, se serrait contre lui beaucoup plus que ne l'exigeait strictement la situation et même qu'il y avait quelque chose de convulsif dans cette étreinte.

Le trouble extraordinaire qu'il avait senti s'était dissipé maintenant qu'elle ne parlait plus. Il en vint naturellement à supposer une sorte d'*hallucination*, car tout le monde sait combien est commode ce précieux mot par lequel sont élucidés tous les sentiments ou pressentiments obscurs.

.·.

Quand vint le moment de se séparer, Maxence formula je ne sais quel banal remerciement et prit son porte-monnaie dans le dessein de récompenser l'étrange compagne silencieuse qui venait peut-être de le sauver.

Mais celle-ci, l'arrêtant d'un geste :

— Non, monsieur, ce n'est pas cela.

Il vit alors seulement qu'elle pleurait, car il n'avait pas osé la regarder depuis une demi-heure qu'ils marchaient ensemble.

— Qu'avez vous ? dit-il, très ému, et que puis-je faire pour vous ?

— Si vous vouliez me permettre de vous embrasser, répondit-elle, ce serait la plus grande joie de ma vie, de ma dégoûtante vie, et il me semble qu'après cela, j'aurais la force de mourir.

Voyant bien qu'il y consentait, elle sauta sur lui, grondante d'amour, et l'embrassa comme on dévore.

Une plainte de cet homme qu'elle étouffait la désenlaça.

— Adieu, Maxence, mon petit Maxence, mon pauvre frère, adieu pour toujours et pardonne-moi, cria-t-elle. Maintenant je peux crever.

Avant que son frère eût eu le temps de faire le moindre mouvement, elle avait la tête broyée sous la roue d'un camion *nocturne* qui passait comme la tempête.

Maxence n'a plus de maîtresse. Il achève en ce moment son noviciat de frère convers au monastère de la Grande-Chartreuse.

LA DERNIÈRE CUITE

XIV

LA DERNIÈRE CUITE

à Alfred Vallette.

> Quand on est mort, c'est pour longtemps.
>
> Un héritier.

M. Fiacre Prétextat Labalbarie s'était retiré des affaires à soixante ans, ayant acquis des richesses considérables dans son industrie de blanchisseur de cercueils.

Jamais il n'avait déçu sa clientèle et l'aristocratie génevoise, qui le surchargea si longtemps de ses commandes, n'avait eu qu'un cri pour célébrer son exactitude et sa loyauté.

L'excellence de sa main-d'œuvre, certifiée par la soupçonneuse Angleterre, avait obtenu les suffrages de la Belgique, de l'Illinois et du Michigan.

Sa retraite avait donc été l'occasion d'une grande amertume dans les deux mondes, lorsque de gémissantes feuilles internationales avaient annoncé que cet artisan fameux quittait les pompes du comptoir pour consacrer à de chères études ses cheveux blancs respectés.

Fiacre était, en effet, un heureux vieillard dont la vocation philosophique et humanitaire ne se déclara qu'au moment précis où la fortune, beaucoup moins aveugle, sans doute, et beaucoup moins rosse que ne le suppose une vaine multitude, l'avait enfin comblé de ses faveurs.

Il ne méprisa point, comme tant d'autres, le négoce infiniment honorable et lucratif par lequel il s'était élevé de quasi rien jusqu'au pinacle d'une dizaine de millions.

Il racontait, au contraire, avec l'enthousiasme naïf d'un vieux soldat, les batailles sans nombre livrées à la concurrence, et se plaisait à rémémorer le coup de feu, parfois héroïque, des inventaires.

Il avait simplement abdiqué, à l'exemple de Charles-Quint, l'empire de la facture, afin d'embrasser une vie supérieure.

Ayant, en somme, de quoi vivre, et devenu trop âgé pour prétendre garder longtemps encore le coup d'œil de l'homme d'affaires, ce je ne sais quoi de spontané qui déconcerte la place et culbute les manigances des compétiteurs, il avait eu la sagesse de se démettre avantageusement de sa puissance commerciale avant que l'étoile de sa patente eût commencé de pâlir.

Désormais, il s'adonna, d'une exclusive manière, aux délices du genre humain.

Considérant, avec une touchante lucidité, le néant des combinaisons jusqu'à cette heure élaborées par de creux cerveaux pour l'atténuation de la misère, inébranlablement assuré, d'ailleurs, de l'*utilité* des pauvres, il crut avoir mieux à faire que d'employer au soulagement de ce troupeau les ressources financières ou intellectuelles dont il disposait.

En conséquence, il résolut d'appliquer les dernières lueurs de son génie à la consolation des millionnaires.

— Qui pense, disait-il, aux douleurs des riches ? Moi seul, peut-être, avec le divin Bourget dont ma clientèle raffole. Parce qu'ils accomplissent leur mission, qui consiste à s'amuser pour faire aller le commerce, ou les suppose trop facilement heureux, oubliant qu'ils ont un cœur. On a le toupet de leur opposer les grossières tribulations des indigents dont c'est le devoir de souffrir, après tout, comme si les guenilles et le manque de nourriture pouvaient être mis en balance avec l'angoisse de mourir. Car telle est la loi. On ne meurt véritablement qu'à la condition de posséder. Il est indispensable d'avoir des capitaux pour rendre l'âme, et voilà ce qu'on ne veut pas comprendre. La Mort n'est que la séparation d'avec l'Argent. Ceux qui n'en ont pas n'ont pas la vie, et, dès lors, ne sauraient mourir.

Plein de ces pensées, — plus profondes qu'il ne supposait, — le blanchisseur de cercueils travaillait de toute son âme à l'abolition des affres.

Il eut l'honneur d'être un des premiers qui fomentèrent la généreuse conception du Crématoire. L'horreur traditionnelle de la mort, d'après ce penseur, était surtout procurée par l'image affreuse de la décomposition. Dans les comices d'incinérateurs qui l'avaient élu pour leur président, il en racontait les phases, déroulant, avec l'éloquence du trac, toute cette chimie souterraine, et la pensée de devenir fleur, par exemple, révoltait son imagination de comptable.

— Je ne veux pas être une charogne! beuglait-il. Aussitôt après ma mort, j'exige qu'on me brûle, qu'on me calcine, qu'on me réduise en cendres, car le feu purifie tout, etc.

Il fut exaucé pleinement, ainsi que vous l'allez voir.

⁂

L'excellent homme avait un fils comme il en faudrait souhaiter à tous ceux qui savent le prix de l'argent.

Je demande ici la permission de perdre pied quelques instants et de m'envoler dans le dithyrambe.

Dieudonné Labalbarie était, si j'ose le dire, encore plus admirable que son père. Conçu dans une heure insigne de triomphe sur des concurrents téméraires, il réalisait en plein l'idéal des vertus solides que les plus sérieuses maisons de crédit peuvent escompter.

A quinze ans, il avait déjà placé des économies et sa personne était tenue comme un livre. Barrême consulté n'eût pu découvrir en lui rien de frivole.

Le comble de l'injustice eût été de lui reprocher une minute d'enthousiasme, un accès, même réprimé, de fol attendrissement sur qui que ce fût, à propos de n'importe quoi.

Son heureux père était forcé de s'appuyer à la caisse ou au comptoir quand il en parlait, tant il était ivre d'avoir procréé un tel garçon.

Cet enfant de bénédiction vit et prospère. Il a même doublé son patrimoine depuis trois ans qu'il est orphelin, ayant su se faire adorer d'une richissime gardeuse de tortues qu'il vient d'épouser, et beaucoup de gens le reconnaîtraient, sans doute, si je ne craignais pas d'offenser les lys de sa modestie, en essayant de tracer son aimable image.

Devine qui pourra. J'en aurai trop dit, peut-être, en déclarant qu'il a la physionomie d'un beau reptile et qu'un molosse de la taille la plus monstrueuse l'accompagne ordinairement.

Voici maintenant l'histoire infiniment peu connue de la mort et des funérailles du père. Les amateurs d'émotions suaves sont invités à ne pas continuer cette lecture.

*
* *

Un matin, le médecin des morts constata que le grand Fiacre avait cessé d'exister.

Aussitôt Labalbarie fils commença de fonctionner. Sans gaspiller en vains pleurs, sans élimer « l'étoffe » précieuse de sa propre vie, c'est-à-dire « le temps », suivant la noble expression de Benjamin Franklin qu'il citait sans cesse, il mit en ordre et prépara tout sans perdre un instant.

A dix heures trente-cinq, les journaux étaient avisés de son deuil et l'expression de sa douleur s'éparpillait à mille exemplaires sur la rose entière des vents, — les lettres de faire part ayant été judicieusement commandées et exécutées longtemps à l'avance.

Même observation pour la plaque de marbre noir destinée au *Columbarium*, où se voyaient un phénix déployant ses ailes au milieu des flammes et cette inscription terrifiante exigée par le défunt :

JE RENAITRAI.

Il alla faire un tour en bicyclette, afin de se retremper la fibre par une énergique prise d'air, déjeuna copieusement, reçut quelques visites éplorées, alla faire ses dévotions à la Bourse, opéra, vers le soir, quelques recouvrements profitables et passa la nuit hors de la maison pour marquer la violence extrême de son chagrin.

Le lendemain, un somptueux corbillard jonché de fleurs et suivi d'une foule peu recueillie apportait au Crématoire la dépouille du décédé.

— Ah ! ah ! tu renaîtras ! disait en lui-même l'affable Dieudonné, resté seul dans la terrible *chambre ardente* avec les deux hommes chargés d'enfourner son père, nous allons bien voir si tu renaîtras !...

La bière, administrativement et réglementairement façonnée en planches légères, pour être dévorée soudain par une atmosphère de sept cents degrés, reposait sur le chariot mécanique dont les deux antennes de métal, lancées avec force, plongent les morts dans la fournaise et reculent en poussant un cri, mouvement diastole et systole qui s'exécute en vingt-cinq secondes.

Dieudonné en était donc là de son recueillement

filial, *lorsqu'un bruit se fit entendre à l'intérieur de la bière...*

Oh! un bruit sourd et bien vague, je vous assure, mais, tout de même, un bruit, comme d'un faux mort essayant de s'agiter dans son linceul. Il sembla même que la bière avait une oscillation...

Au même instant la porte du four, manœuvrée avec précision, s'ouvrait toute grande.

Les trois faces rougies par l'atroce flamme se regardèrent.

— C'est le corps qui se vide, affirma tranquillement Dieudonné.

Les deux autres hésitaient pourtant.

— Mais allez donc, tonnerre de Dieu ! hurla tout à coup le parricide. Je vous dis que c'est le corps qui se vide. Et il planta dans la main du plus proche un paquet de billets de banque.

Les antennes bondirent en avant et rebondirent en arrière...

La porte se referma, mais pas assez vite, sans doute, car Dieudonné, posté bien en face, crut apercevoir, dans l'embrasement instantané du cercueil, les deux bras tendus et le visage désespéré de son père.

LA FIN DE DON JUAN

XV

LA FIN DE DON JUAN

à Henry Cayssac

> Ça fait du bien de causer avec un
> homme qui n'a qu'une tête.
>
> JULES VALLÈS

— Et le misérable est mort comblé de biens, tel qu'il a vécu. Il n'eut pas même l'excuse d'être un dissipateur, un prodigue. Il était, dit-on, le premier du monde pour placer avantageusement ses capitaux. Enfin, il est mort sans aucune infirmité, en pleine possession de lui-même, quoique très vieux, comme un patriarche d'avant le déluge. Cela me paraît un peu fort. Sans exiger assidûment « le doigt de Dieu », à la façon d'un potache allaité par les bons pères, on voudrait tout de même, pour l'honneur de la Justice, que l'agonie de ce malfaiteur eût été moins douce.

Ainsi parlait un homme sans malice qu'offusquait l'insolente gloire du marquis de la Tour de Pise.

Ce personnage trop connu venait à peine d'expirer. Longtemps on l'avait cru éternel. Né dans la joyeuse Angleterre, dès le commencement de l'émigration, quand Louis XVI avait encore sa tête sur ses épaules, un bruit public le disait vert-galant encore aux environs de la nonantaine. Prodige peu vérifié, sans doute, mais accrédité par l'enthousiasme de quelques disciples frileux qui avaient eux-mêmes dépassé soixante ans.

Le fait est que le marquis Hector de la Tour de Pise lançait des rayons, comme un ostensoir. Il passait pour indiscutable que des reines avaient autrefois crevé d'amour « en entrant dans sa chambre » et que tout un peuple d'Arianes sanglotait à cause de lui.

Bien longtemps avant le célèbre Beauvivier qui nous console, il avait su mettre sa personne en adjudication et même en *actions*. De là son opulence. Jusque dans les derniers jours, on vit les familles les plus hautaines payer très cher des *coupons* de son alcôve...

Telle était du moins la légende universellement

acceptée sur ce mange-cœur, dont les boutons de culotte, montés en pendants d'oreilles, sont regardés, à l'heure présente, comme d'inestimables joyaux.

— Mon cher monsieur, répondit la Sage-Femme, vous n'y êtes pas du tout. Je n'ai point assisté à la mort de cette crapule, mais je peux vous assurer qu'il n'y eut jamais d'Ixion plus cruellement châtié. Imaginez tout ce qu'il vous plaira, vous n'arriverez jamais à cette horreur. Asseyez-vous donc sur ce fœtus qui vous tend les bras et prêtez-moi votre attention. J'ai, ce matin, l'humeur narrative.

*
* *

Le marquis Hector était un bel homme, c'est certain, et il avait toute la mine d'un grand seigneur. Ses envieux n'ont jamais trouvé moyen de le nier. Il était si différent de la multitude qu'aussitôt qu'il apparaissait, *tout le monde avait l'air de se ressembler.*

Il aurait pu se faire voir en public pour de l'argent, comme un vrai monstre. Il se contenta de se faire voir en particulier pour des sommes considérables que, d'ailleurs, il plaçait avec un extrême soin dans les entreprises les plus sérieuses. On sait le flair de spéculateur qu'il manifesta au milieu des pires complications.

Mais cela est d'un intérêt médiocre. A une époque

où tous les hommes sont sur le trottoir, à peu près sans exception, le putanat de ce gentilhomme et ses concomitantes aptitudes financières n'ont rien d'inouï. Les deux choses vont si bien ensemble.

J'ai beaucoup mieux à vous offrir, et c'est une horreur difficilement imaginable que je vous ai promise, n'est-ce-pas ? Si votre soif d'une expiation ne s'apaise pas après mon récit, c'est que rien ne serait capable de l'apaiser.

Et d'abord, savez-vous seulement ce qu'il y avait à expier ? Non. Vous pensez, comme le premier venu, à l'existence plus ou moins odieuse d'un vampire exclusivement occupé de ses turpitudes, pendant près d'un siècle au travers duquel il coula tel qu'un ruisseau de putréfaction, et n'ayant jamais regardé le visage de ceux qui peinent et qui souffrent. Point de vue banal comme un prône, mon digne monsieur. Il s'agit de quelque chose de bien autrement superfin.

Vous me faites, sans doute, l'honneur de croire que je me fous du secret professionnel, comme doit faire toute sage-femme, — de première classe, bien entendu. Nous laissons cela aux médecins qui n'ont pas d'autre moyen d'éviter le bagne, la plupart du temps.

Eh ! bien, j'ai eu pour client le bel Hector qui fut marié deux fois et qui tua au moins l'une de ses deux femmes, sans avoir besoin que je l'aidasse dans cette besogne. Il fonctionnait tout seul, à ravir, et n'avait recours à personne.

J'ai tout bêtement accouché sa première, puis sa seconde, dix ans après, vers la fin du règne de Louis-Philippe, comme j'eusse accouché des portières ou des filles publiques. Le marquis avait tenu à être seul avec moi dans l'une et l'autre circonstance.

La première fois, nous amenâmes une espèce de chèvre-pieds sans yeux ni bouche, qui avait, en guise de nez, une espèce de membrane flasque et pendante que je ne vous décrirai pas, homme impressionnable... La Tour de Pise, doué du sang-froid des morts, s'empara de l'avorton avant que j'eusse pu m'y opposer et l'offrit aux baisers de la mère qui en mourut deux heures après.

Le second enfant du marquis eut deux têtes sur un fuseau de corps, à peu près sans jambes ni bras, et c'était une autre édition de *la même image*.

Cette fois, l'accouchée ne put rien voir. Je roulai dans mon tablier la petite abomination et m'élançai hors de la chambre. Je perdis ainsi la clientèle du noble seigneur, mais j'avais deviné beaucoup de choses et, plus tard, j'en appris d'autres encore...

*
* *

— Vous êtes persuadé maintenant, continua la terrible matrone en baissant la voix de manière étrange, que je viens de vous raconter le Crime et le Châtiment. Voici que déjà se détend la fibre d'airain de votre implacable justice, comme se détendraient les boyaux d'une guitare dans laquelle trente chiens auraient pissé. Or, vous y êtes moins que jamais, entendez-vous ?

Dans notre métier, on est précisément à la bouche de l'égout, et on en voit sortir de telles choses qu'il devient, à la longue, difficile de s'étonner. Pourtant, monsieur, l'homme dont nous parlons m'a étonnée et m'étonne encore, jusqu'à l'épouvante.

S'il n'y avait eu que ce que vous venez d'entendre, cet homme ne serait, en définitive, qu'une horrible canaille de plus dans la foule de nos canailles et mériterait à peine qu'on le mentionnât. Mais, je vous le répète, c'est autre chose, et la punition vous fera trembler si vous êtes capable de la comprendre.

Avez-vous remarqué la bizarrerie de l'*identité* du phénomène monstrueux, se reproduisant, à dix ans d'intervalle, avec deux femmes légitimes, épousées pour leur argent, cela va sans dire ? Je suis persuadée que l'expérience aurait indéfiniment donné le même résultat.

Pour parler net, le marquis était un IDOLATRE, un fervent et rigoureux idolâtre, intérieurement configuré à la ressemblance de son Dieu et qui ne pouvait que la reproduire *extérieurement* dans ses tentatives de progéniture.

Il adorait chez lui, dans un oratoire mystérieusement éclairé, cette partie de son propre corps que les prêtres de Cybèle tenaient autrefois en si grand honneur. *Il l'avait fait mouler sur lui-même* par un ouvrier fort habile et l'objet, exposé dans une sorte de tabernacle, recevait, chaque jour, les obsécrations de ce Corybante que les mondains croyaient un viveur, — absolument comme les petits cabillauds de l'internat ont avalé que le bouddhiste Charcot était médecin. On ne saura jamais le nombre des gens qui sont autre chose que ce qu'ils paraissent aux yeux des contemporains.

Cela, monsieur, c'était son vrai crime, l'attentat suprême pour ceux qui savent et pour ceux qui voient dans la profondeur. Tout le reste en découlait.

Voici, maintenant, l'expiation qui dura dix ans, jusqu'à la veille de sa mort.

Chaque nuit, un très grand et très beau vieillard que les plus fières avaient aimé et que connaissaient maintenant toutes les rôdeuses, était invariablement raccroché dans l'ombre, à la dernière heure des retapes.

On savait son goût et le dialogue s'engageait, aussi crapuleux que possible du côté de la femme, tout à fait humble du sien, car il tenait à jouer le rôle d'un sale client consumé d'inavouables désirs.

Au bout de quelques minutes mesurées par un infaillible chronomètre, on s'entendait naturellement.

La femme, alors, s'appuyant au mur, lui tendait alternativement l'un et l'autre pied, et l'octogénaire vautré sur le sol, — quelque temps qu'il fît, — léchait, en grognant d'extase, *le dessous de ses bottines*.

Telle fut la dernière exigence du petit Dieu de ce vainqueur que trois générations d'imbéciles égalèrent à Don Juan.

UNE MARTYRE

XVI

UNE MARTYRE

à Julien Leclercq

— Ainsi donc, monsieur mon gendre, c'est bien vrai qu'aucune considération religieuse ne saurait agir sur votre âme. Vous n'attendrez même pas à demain pour *faire vos saletés*, je le prévois trop. Vous n'aurez aucune pitié de cette pauvre enfant, élevée jusqu'à ce jour dans la pureté des anges, et que vous allez ternir de votre souffle de reptile. Enfin, mon Dieu ! que votre volonté s'accomplisse et que votre saint nom soit béni dans tous les siècles des siècles !

— Amen, répondit Georges en allumant un cigare.

Une dernière fois, ma chère belle-mère, soyez assurée de ma reconnaissance éternelle. Je compte infiniment sur vos prières et je n'oublierai pas, croyez-le, vos exhortations ; bonsoir.

Le train se mettait en marche. Madame Durable, restée sur le quai, regarda fuir le rapide qui emportait dans la direction du Midi les nouveaux mariés.

Houleuse encore des émotions de cette journée, mais l'œil sec autant qu'un émail qui sort du four, elle tapotait nerveusement le trottoir du bout de son parapluie.

Supputant avec rage les immolations et les sacrifices, elle se disait, la chère âme, que c'était vraiment bien dur de n'avoir vécu, depuis vingt ans, que pour cette ingrate fille qui l'abandonnait ainsi, dès la première heure de son mariage, pour suivre un étranger manifestement dénué de pudeur, qui allait sans doute, presque aussitôt, la profaner de ses attouchements impudiques.

— Ah ! oui, pour sûr, on en avait de l'agrément, avec les enfants ! Songez, donc, monsieur, — elle s'adressait à peu près inconsciemment au sous-chef de gare qui s'était approché d'elle pour l'exhorter civilement à disparaître — songez qu'on les met au monde avec des douleurs abominables dont vous ne pouvez vous faire une idée, on les élève dans la crainte de Dieu, on tâche de les rendre semblables à des anges pour qu'ils soient dignes de chanter indéfiniment aux pieds de l'Agneau. On prie pour eux sans relâche nuit et jour, pendant un tiers de la vie. On s'inflige, pour le bien de ces tendres âmes, des pénitences dont la seule pensée fait frémir. Et voilà la récompense ! La voilà bien ! On est abandonnée, plantée là comme une guenille, comme une épluchure, aussitôt qu'apparaît un polisson d'homme qu'on a eu la sottise de recevoir, parce qu'il avait l'air d'un bon chrétien, et qui en abusa tout de suite pour souiller un cœur innocent, pour suggérer d'impures visions, pour faire croire, si j'ose le dire, à une jeune personne élevée dans la plus sainte ignorance, que les sales caresses d'un époux de chair lui donneraient une joie plus vive que les chastes effusions de la tendresse d'une mère...

Et vous voyez ce qui arrive, monsieur, vous pourrez en rendre témoignage au jour du jugement ! Je suis quittée, délaissée, trahie, seule au monde, sans consolation et sans espérance. Mettez-vous donc à ma place.

— Madame, répondit l'employé, je vous prie de croire que je compatis à votre chagrin. Mais j'ai le devoir de vous faire observer que les exigences du service ne permettent pas de vous laisser stationner ici plus longtemps. Je vous prie donc, à mon grand regret, de vouloir bien vous retirer.

La mère douloureuse, ainsi congédiée, disparut alors, non sans avoir pris, une dernière fois, le ciel à témoin de l'immensité de son deuil.

*
* *

Madame Virginie Durable, née Mucus, était le type insuffisamment admiré de la *martyre*.

C'était même une martyre de Lyon et, par conséquent, la plus atroce chipie qu'on pût voir.

Elle avait été, dès son enfance, livrée aux bourreaux les plus cruels et n'avait jamais connu le rafraîchissement des consolations humaines. L'univers, d'ailleurs, était régulièrement informé de ses tourments.

Trente années, auparavant, lorsque M. Durable, aujourd'hui négociant retiré des huîtres, avait épousé cet holocauste, il ne se doutait guère, le pauvre homme, de l'effrayante responsabilité de tortionnaire qu'il assumait.

Il ne tarda pas à l'apprendre et même en devint, à la longue, tout à fait gâteux.

Quoi qu'il eût pu faire ou dire, il n'était jamais, une seule fois, parvenu à n'être pas criminel, à ne pas piétiner le cœur de sa femme, à n'y pas enfoncer des glaives ou des épines.

Virginie était de ces aimables créatures qui ont « tant souffert », dont aucun homme n'est digne, que nul ne peut ni comprendre ni consoler et qui n'ont pas assez de bras à lever au ciel.

Elle arborait, cela va sans dire, une piété sublime qu'il eût été ridicule de prétendre assez admirer et dont elle-même ne s'arrêtait pas d'être confondue.

En un mot, elle fut une épouse irréprochable, ah! grand Dieu ! et qui devait attirer infailliblement les bénédictions les plus rares sur la maison de commerce d'un imbécile malfaisant qui ne comprenait pas son bonheur.

Un jour, quelques années après le mariage, la martyre étant jeune encore et, paraît-il, assez ragoûtante, l'odieux personnage la surprit en compagnie d'un gentilhomme peu vêtu.

Les circonstances étaient telles qu'il aurait fallu non seulement être aveugle, mais sourd autant que la mort, pour conserver le plus léger doute.

L'austère dévote qui le cocufiait avec un enthousiasme évidemment partagé, n'était pas assez littéraire pour lui servir le mot de Ninon, mais ce fut presque aussi beau.

Elle marcha sur lui, gorge au vent, et d'une voix très douce, d'une voix profondément grave et douce, elle dit à cet homme stupéfait :

— Mon ami, je suis en affaires avec Monsieur le Comte. Allez donc servir vos pratiques, n'est-ce pas ? Après quoi, elle ferma sa porte.

Et ce fut fini. Deux heures plus tard, elle signifiait à son mari de n'avoir plus à lui adresser la parole, sinon dans les cas d'urgence absolue, se déclarant lasse de condescendre jusqu'à son âme de boutiquier et bien à plaindre, en vérité, d'avoir sacrifié ses espérances de jeune vierge à un malotru sans idéal qui avait l'indélicatesse de l'espionner.

Étant fille d'un huissier, elle n'oublia pas, en cette occurrence, de rappeler la supériorité de son extraction.

A dater de ce jour, la chrétienne des premiers siècles ne marcha plus qu'avec une palme et l'existence devint un enfer, un lac de très profonde amertume pour le pauvre cocu dompté qui se mit à boire et devint assez idiot pour être plausiblement et charitablement calfeutré dans un asile.

*
* *

Par une chance inouïe, l'éducation de mademoiselle Durable avait été meilleure que n'aurait pu le faire supposer la conjoncture.

Il est vrai que sa vertueuse mère, appliquée sans relâche à l'abrutissement de M. Durable et livrée, en outre, à d'obscures farces, ne s'en était occupée que très peu, l'ayant, de bonne heure, abandonnée à la vigilance mercenaire des religieuses de l'Escalier de Pilate qui, par miracle, s'acquittèrent consciencieusement de leur mission.

La jeune fille, dotée suffisamment et sortable de tout point, saisit avec empressement la première occasion de mariage qui se présenta, aussitôt qu'elle eut pénétré le ridicule et la malice exécrable de cette vieille chienne qui devint alors *belle-mère* par un décret mystérieux de la Providence redoutable.

La vaillance de l'épouseur fut généralement admirée.

La cérémonie était à peine achevée que celui-ci fort indépendant, ayant déclaré sa volonté ferme de s'éloigner immédiatement avec sa femme par un train rapide, tout le monde avait pu voir que cette résolution, concertée sans doute, n'affligeait pas le moins du monde la jeune épousée qui avait paru n'accorder qu'une attention vague aux gémissements ou reproches maternels.

Madame Durable, outrée de l'indignation la plus généreuse, était donc rentrée dans sa maison solitaire en méditant de sacrées vengeances.

Non, cependant. Le mot de vengeance ne convenait pas. C'était de punir qu'il s'agissait.

Cette mère outragée avait le droit de punir. Elle en avait même le devoir, pour que force restât au quatrième commandement de la loi divine.

Dès lors, tout moyen devenait bon, l'intention pieuse allait parfumer les plus vénéneuses manigances.

En exécution de ce louable dessein, la martyre fut désormais attentive à procurer, par tous les micmacs et tous les trucs, le déshonneur de son gendre et le déshonneur de sa fille.

Le premier fut incriminé de vices monstrueux, d'habitudes infâmes que certifièrent d'abominables témoins. La jeune femme reçut des lettres qui eussent pu être datées de Sodome.

La Culasse lui écrivit des doléances, et le Môme Gros-Doigt lui fit assavoir que « cela ne se passerait pas ainsi ». Un torrent d'ordures submergea le lit conjugal des nouveaux époux.

De son côté, le mari fut accablé d'un nombre infini de messages anonymes ou pseudonymes, de formes variées, mais toujours onctueux et saturés de la plus affable tristesse, l'informant avec précaution du passé malpropre de sa compagne, au souffle de qui cinquante jeunes filles s'étaient putréfiées dans les dortoirs du pensionnat, et qui n'avait certainement pu lui offrir, *avec sa dot,* que la basse et rudimentaire virginité de son corps.

Rien n'exprimerait la méchanceté diabolique, la compétence infernale qui faisait mouvoir tous les fils de cette intrigue d'impostures, qui dosait ainsi, chaque jour, les épouvantables poisons de l'infanticide.

Cela dura plus de six mois. Les malheureux qui n'avaient d'abord voulu sentir qu'un profond mépris, furent bientôt saisis par l'horreur d'une persécution si tenace.

Ils apprirent que des lettres venues de la même source *ignorée* s'éparpillaient autour d'eux dans les hôtels, sur les patrons et la domesticité; sur certains notables des villes ou des villages qu'ils traversaient en fuyant.

Ils furent tenaillés par l'angoisse panique, continuelle; griffés par d'irréparables soupçons que vainement ils savaient absurdes, roulèrent enfin dans un cloaque de mélancolie.

Ils ne dormirent plus, ne mangèrent plus et leurs âmes s'extravasèrent dans les gouffres pâles où se dilue l'espérance.

Un jour enfin, ils moururent ensemble à la même heure et dans le même lieu, sans qu'on ait pu très précisément savoir de quelle manière ils avaient cessé de souffrir.

La mère qui les suivait comme le requin, fit constater leur suicide pour qu'ils n'eussent point de part à la sépulture des chrétiens.

Elle est de plus en plus la Martyre, s'élève chaque jour jusqu'au troisième ciel, avec une extrême facilité, et carillonne tous les soirs, à la dernière heure, — dit la chronique de la rue de Constantinople — un robuste valet de chambre.

LE SOUPÇON

XVII

LE SOUPÇON

à Édouard d'Arbourg

Le nombre des imbéciles a beau être infini, selon l'expression canonique de l'Ecclésiaste, il serait difficile pourtant de rencontrer ou de concevoir un aussi parfait idiot que ce marchand d'huile de sphinx dont tous les journaux ont relaté ou auraient pu relater, ces jours derniers, le bruyant suicide.

L'histoire des crétins célèbres est au pied du mur aussitôt qu'on a parlé d'Aristobule. Je demande la permission de masquer de ce transparent anagramme le patronymique de mon héros.

Aristobule donc naquit, pour l'étonnement d'un grand nombre, à l'âge de cinquante-cinq ans, c'est-à-dire que, dès le biberon, se manifesta en lui une de ces prudences qui supposent environ trois fois la majorité des citoyens ordinaires.

Dans ses langes, l'aimable enfant se défiait déjà du monde entier. Taciturne par circonspection ou ne gueulant qu'avec astuce, il bava soupçonneusement jusqu'à l'échéance de sa dentition.

Ses parents s'estimèrent comblés du ciel pour avoir engendré un tel garçon, qui, ne parlant pas encore, surveillait déjà les domestiques, se faisait hisser sur des chaises pour vérifier le contenu des armoires et ne consentait à dormir qu'après avoir regardé sous tous les lits.

Écolier sournois et délateur, il se fit abhorrer de ses condisciples par ses allures de mouchard et par le silence hermétique où se claquemurait le néant de son vilain cœur.

L'unique pensée qu'il parut alors, comme depuis et jusqu'à la fin de ses misérables jours, capable d'excogiter, fut que tout le monde, aussi bien que lui-même, se dissimulait avec une attention continuelle, prodigieuse, et que les plus expansifs ou les plus bavards étaient précisément ceux dont il fallait le plus se garder.

Quand les sales pommiers de concupiscence commencèrent à fleurir en lui, aux alentours de son dix-septième printemps, il ne s'opposa pas vertueusement au bouc tentateur, mais s'appliqua de son mieux à le décevoir, chaque fois qu'il pointait sa corne, pour ne pas être victime de l'atroce perfidie des femmes.

Enfin, ce savoureux imbécile eut, dès l'origine, quelque chose qui donnait l'illusion de la profondeur. Il fut un bâtard de l'ombre, comme eût dit Hugo, un fœtus de l'opacité, et il eut toujours l'air de flotter dans un bocal de ténèbres.

*
* *

Un jour, cependant, il se maria. Les affaires sont indiscutablement les affaires et la prospérité de la raison commerciale « Aristobule et fils » exigeait impérieusement qu'une héritière confortable entrât dans son lit, jusqu'alors ignorant des promiscuités.

On ne saura probablement jamais ce qui fut accompli dans cette couche mystérieuse. Mais un grand nombre de particularités, relevées avec une exactitude scrupuleuse, donnent à penser que les molécules des époux durent se combiner un peu moins souvent que n'arrive la précession des équinoxes.

Mode conjugal qui n'empêcha pas Aristobule d'être dévoré d'une jalousie de marcassin, dont l'effet admirable fut de déniaiser sa bourrique de femme, infiniment mieux et plus vite que n'aurait pu faire la tendresse la plus savante, la plus suggestive.

Quelle que soit mon ambition de désobliger, je n'oserais pas soutenir que ses amants furent aussi nombreux que les étoiles, mais j'imagine qu'en les groupant au milieu d'une vaste plaine, on obtiendrait un contingent très idoine à la solennelle manifestation d'un patriotisme exalté.

Le malheureux industriel devina sans doute ou crut deviner bien des histoires, mais il était dans l'axe d'un si furieux tourbillon qu'il ne put jamais fixer sa rage sur un point déterminé, — les consolateurs de sa femme pouvant être comparés aux invisibles rayons de la roue d'un char qui passerait avec une inconcevable rapidité.

Il en vint à douter de l'Arithmétique !. L'incertitude et le soupçon poignaient tellement ce pauvre cocu dont l'intelligence, chaque jour, s'enténébrait un peu plus, qu'il dévala jusqu'à cet étage inférieur où croupissent les athées du Nombre. Tout à coup il cessa de croire à la probité des chiffres...

*
* *

Ce fut en ce jour d'excessive tribulation, à cette heure de détresse noire et de déréliction infinie, qu'un ami désintéressé, le seul peut-être qui eût dégoûté sa femme, vint l'avertir qu'une baisse probable sur le cours des sphinx allait entraîner sa ruine, s'il ne prenait aussitôt les plus énergiques mesures.

Aristobule, je crois l'avoir assez dit, se défiait de tout ce qui est au-dessous du ciel. A cet égard, son intransigeance était absolue. Le soupçon était son principe de vie, les douze tables de sa loi, son credo suprême. Il en eût été le martyr.

Que dis-je ? Ne l'était-il pas depuis quarante ans ? Dans son commerce, l'un des plus considérables, à coup sûr, de notre civilisation et celui de tous, peut-être, où la bonne foi réciproque est le plus rigoureusement inviolée, la crainte perpétuelle des carottes ou des traquenards l'avait, à la lettre, angoissé, flagellé, tenaillé, tanné, trépané, boucané, tordu, écartelé et décarcassé tous les soirs et tous les matins.

Il s'était brouillé avec une multitude de correspondants affables dont la patience égalait celle du patriarche. Il avait raté de royales affaires qui l'eussent enrichi démesurément.

Dans sa maison, pleine de trouble et de bousculades, les commis se succédaient à la file indienne, sans qu'aucun d'eux pût découvrir la platitude géniale qui lui eût permis d'immobiliser vingt-quatre heures son appareil de locomotion. C'était un miracle, enfin, que la faillite l'eût épargné.

On peut alors présumer de quel front dut être accueilli l'ami téméraire qui s'était, contre toute vraisemblance, ému de pitié pour cet animal dont il prévoyait la déconfiture.

Sur-le-champ la résolution d'Aristobule fut décrétée. Il prononça que son ami était une horrible canaille, un fangeux traître qui lui tendait un piège infernal. En conséquence, il fit exactement le contraire de ce qu'on lui conseillait et, quelques semaines plus tard, fut obligé de déposer son bilan.

Cette ruine fut un coup de lumière dans sa nuit. Il vit ou crut voir clairement qu'on ne l'avait pas trompé. Pour la première fois, il trouva bon que sa femme le qualifiât de jobard, de propre-à-rien et même de *souteneur* par une flagrante contradiction dans les termes, car tel fut le premier élan de cette compagne.

Cependant, il craignait encore de se leurrer.

— Pourquoi, demanda-t-il au prophète, ayant l'air de lui parler du fond de sa cave, pourquoi donc m'avoir prévenu ?

L'autre expliqua simplement qu'il avait redouté la misère pour lui et même pour sa femme, bien que madame Aristobule n'eût jamais daigné l'avantager de sa considération.

Ces paroles véridiques — si toutefois il est permis, en un tel sujet, d'emprunter le style respectable des Livres saints, — renouvelèrent en l'âme saccagée de ce négociant la jeunesse du méléagride, animal décrit par Aristote et qu'on croit être le dindon.

— Le gredin parle de ma femme, hurla-t-il, il doit y avoir quelque chose.

Et tout de suite il apostropha celle-ci, l'accusant brutalement d'avoir couché avec le perfide.

Mais madame Aristobule qui avait une diabolique pénétration du caractère soupçonneux de son mari, lui lança cette réponse qui l'atteignit aussi sûrement que le disque du discobole :

— Oui, mon cher, vous êtes cocu.

C'était là, sans contredit, une affirmation, et par conséquent, une imposture, d'après son système. Le mensonge, alors, lui parut certain de tous les côtés. Il réintégra l'habitacle noir de son crétinisme dément et, du désespoir de n'être pas même *indubitablement* un cocu, il s'extermina.

LE TÉLÉPHONE DE CALYPSO

XVIII

LE TÉLÉPHONE DE CALYPSO

à Marius

Madame Presque ne pouvait se consoler du départ de Monsieur Vertige. Depuis six mois que, prononçant leur divorce, un arrêt profondément équitable avait mis un terme à leurs conjugales tribulations, cette femme exquise, peu à peu, s'était laissée choir dans l'hypocondrie.

Aux premiers élans d'une joie bien naturelle, avaient promptement succédé les transes de la solitude, les alarmes de l'insomnie, le gril de la continence et enfin les regrets amers.

Ce n'était pourtant pas que M. Vertige fût un homme précisément adorable. Ah! Dieu, non. Il sentait le bouc, avait un caractère diabolique et ne possédait pas un globule d'enthousiasme pour sa femme.

Mais on trouvait en lui ce ragoût, cette espèce de je ne sais quoi qui fait qu'on revient toujours à ces animaux. C'est inexplicable sans doute, mais trop certain.

Elle pouvait se rendre cette justice d'avoir fait généreusement, avant leur divorce, tout ce qu'une bonne femme peut faire pour se dégoûter de son mari. Elle s'était crue même tout à fait sûre de réussir. Elle avait eu plusieurs amants d'une distinction peu ordinaire. Le premier surtout, oh! le premier, un employé supérieur de l'administration des Catacombes, qui l'avait lâchée malheureusement, était, on pouvait le dire sans crainte, le type idéal.

Eh! bien, ces tentatives heureuses et le divorce favorable qui en fut la conséquence n'avaient pu l'opérer complètement de son mari. Elle pensait toujours à ce vilain homme et ne parvenait pas à s'en empêcher.

Elle n'allait pas, sans doute, jusqu'à déplorer de n'être plus madame Vertige, mais il lui devenait chaque jour plus clair que l'époux banni avait été le condiment indispensable de ses joies. En d'autres termes, l'amour était sans saveur depuis qu'elle n'encornait plus un tenancier légitime.

⁂

Il faudrait être le dernier des hommes pour ignorer ou ne pas sentir à quel point le divorce élève les cœurs. Mais on est en même temps forcé de reconnaître que ce n'est pas exactement une institution de crédit, et madame Presque était, suivant son expression familière, gênée dans les entournures.

L'argent avait disparu à la même heure que M. Vertige. Il avait disparu comme dans un gouffre, et cette circonstance devait certainement, aux yeux du penseur, être pour quelque chose dans l'actuelle mélancolie de l'abandonnée.

Ses expéditions amoureuses ne lui avaient pas été profitables. Il s'en fallait. Dans sa crainte vraiment puérile de paraître se prostituer, elle avait expérimenté l'admirable désinvolture avec laquelle messieurs les hommes souffrent qu'on les allège du poids importun des additions, et ce n'étaient pas les inconstants ou les ingrats régalés par elle autrefois qui s'empresseraient aujourd'hui de la secourir. On ne se bousculait pas dans l'escalier de l'hôtel meublé de dixième ordre qui avait remplacé l'appartement confortable de naguère, et la question de subsistance quotidienne commençait à pendre.

Au plus fort de cette anxiété, une idée rafraîchissante passa sur elle comme une brise de parfums sur les lieux arides.

Elle venait de se rappeler l'appareil téléphonique possédé par M. Vertige. Cet appareil l'avait souvent réveillée la nuit, et c'était un de ses griefs innombrables.

Elle s'en était vengée en faisant servir à diverses fourberies cet irresponsable véhicule des turpitudes ou des sottises contemporaines. Un assez grand nombre de fois, M. Vertige avait reçu des rendez-vous dérisoires qui le forçaient à s'absenter pendant des heures dont profitait audacieusement sa femme. Au bureau central, on devait le croire surchargé d'affaires. Les blagues avaient même été si loin qu'on pouvait craindre désormais un parti-pris de ne plus répondre.

Pleine d'un dessein mystérieux, madame Presque s'élança donc à la plus prochaine cabine et demanda communication.

*
* *

J'ouvre ici une parenthèse, complètement inutile d'ailleurs, pour déclarer que le téléphone est une de mes haines.

Je prétends qu'il est immoral de se parler de si loin, et que l'instrument susdit est une mécanique infernale.

Il est bien entendu que je ne puis alléguer aucune preuve de l'origine ténébreuse de cet *allonge-voix* et que je suis incapable de documenter mon affirmation. Mais j'en appelle aux gens de bonne foi et d'esprit ferme qui en ont usé.

Le bruissement de larves qui précède l'entretien n'est-il pas comme un avertissement qu'on va pénétrer dans quelque confin réservé où la terreur, peut-être, surabonde... si on savait?

Et l'horrible déformation des sons humains qu'on croirait étirés sous un laminoir, qui ont l'air de n'arriver jusqu'à l'oreille qu'à force de se distendre monstrueusement, n'est-elle pas aussi quelque chose d'un peu panique ?

Il y a peu de jours, un vieux garçon de bains scientifiques, appointé spécialement pour le massage des découvertes *utiles*, au hammam d'un puissant journal, célébrait la gloire d'une usine anglaise qui est en train d'exterminer l'Écriture.

Il paraît qu'une lumineuse machine va destituer la main des hommes qui n'auront plus du tout besoin d'écrire, et le fantoche invitait naturellement plusieurs peuples à se réjouir d'un tel progrès.

J'imagine que le téléphone est un attentat plus grave, puisqu'il avilit la Parole même.

*
* *

— Hallô! Hallô! A qui ai-je l'honneur de parler?
— A moi, Charlotte, votre ancienne femme.

— Ah! très bien, chère madame, comment vous portez-vous?

— Pas mal, je vous remercie, et vous-même?

— Oh! moi, je prends du ventre. Que puis-je faire pour vous être agréable, s'il vous plaît?

— M'accorder un rendez-vous le plus tôt possible pour une affaire tout à fait pressée.

— Pardon, madame, j'ai l'honneur de vous rappeler que nous ne devions plus nous voir.

— Eh! bien, mon cher Ferdinand, mon petit nand-nand, il faut changer ça. A quoi servirait d'être divorcés si on ne devait plus se voir?

— Que voulez-vous dire? Expliquez-vous, s'il vous plaît, répondit l'ex-époux dont *l'extrémité* de la voix grondeuse parut sauteler sur la plaque où madame Presque fit retentir un baiser que l'appareil transmit comme un dard.

— Soyez donc attentif, gros canard, et faites un effort pour me bien entendre. Quand nous nous sommes mariés, nous avons agi comme des enfants et nous avons failli manquer toute notre existence, parce que nous n'avons rien compris, mais rien de rien à ce que la nature exigeait de nous.

L'amour libre, voilà ce qu'il nous fallait. Le mariage est fait pour les êtres inférieurs et nous étions appelés à une vie plus haute. Nous aurions été parfaitement heureux si nous avions eu la sagesse de ne pas nous épouser, de ne pas habiter bêtement sous le même toit et de nous voir gentiment de loin en loin, comme deux petits cochons qui s'adorent.

Pourquoi ne pas réaliser aujourd'hui ce beau rêve? Croyez-vous donc qu'il soit trop tard? Écoutez-moi, polisson d'homme, et voyez si on vous aime:

Je tromperai tout le monde avec toi! mon Ferdinand...

Il est probable que madame Presque savait à l'avance dans quel fumier d'âme allait tomber cette promesse, car les deux tronçons du serpent de l'adultère, tranchés par le divorce et recollés par le plus sordide concubinage, se réintégrèrent.

UNE RECRUE

XIX

UNE RECRUE

à Henry de Groux

Le pauvre diable se comparait à ce renard, à cet autre pauvre diable de renard qu'il surprit un jour, il y avait bien dix ou quinze ans, au milieu d'un bois.

On était en plein hiver. L'animal boiteux, efflanqué par de longs jeûnes et, n'ayant presque plus la force de se traîner, portait dans sa gueule un mince lièvre chassé lui-même de son trou par la famine, dont la capture avait dû coûter de pénibles heures d'affût à ce père de renardeaux qu'on attendait sans doute quelque part, avec beaucoup d'impatience.

En apercevant le promeneur, la malheureuse *vermine* avait essayé de fuir sur la neige. Mais il paraît qu'elle était complètement épuisée, car elle avait été forcée de s'arrêter presque aussitôt, sans lâcher sa proie, et l'homme, dont le bâton déjà se levait, tout à coup manqua d'énergie pour frapper un être si misérable.

Il s'était donc éloigné tranquillement, satisfait de sa clémence, mais gardant à jamais le souvenir des yeux de cette bête souffrante qui l'avait fixé avec l'expression du plus intelligent désespoir.

Ce regard où il avait cru discerner, en même temps qu'une rage de fauve aux abois, quelque chose qui ressemblait à de la douleur humaine, il ne l'avait pas oublié, il l'avait revu plus d'une fois, aux heures d'angoisse, et maintenant, ce même regard se précisait plus nettement que jamais avec cruauté.

— J'ai eu pitié de cette créature, pourtant, gémit-il, pourquoi n'obtiendrais-je pas de pitié pour moi-même ?

Lui aussi était attendu dans sa tanière. Depuis tant d'heures qu'il avait quitté sa femme infirme et ses trois petits enfants, ils avaient eu le temps de mourir de froid et de faim, sans parler de l'aimable propriétaire qui avait dû profiter de son absence pour les accabler d'injures.

Que faire ? mon Dieu ! que faire ? Il avait monté et redescendu un millier de marches. Il avait parlé, prié, supplié, pleuré sans rien obtenir. Expirant d'inanition, il ne pouvait presque plus marcher et se prenait à envier ce renard qui, du moins, tenait quelque chose dans sa gueule...

Il venait de quitter un homme très riche qu'il avait pu croire exorable, ayant eu naguère l'occasion de lui rendre un de ces services qu'il n'est pas facile d'oublier. Ce prochain, rutilant d'ingratitude, lui avait parlé de ses personnels déboires dans une entreprise gigantesque où il avait raté le gain de plusieurs millions. Il l'avait doucement reconduit jusqu'à l'escalier, en le ravitaillant du conseil de travailler de ses mains.

Quelques heures auparavant, un individu de piété haute avait déploré devant lui l'abomination des philanthropes hypocrites ou des sociologues bavards et avait fini par lui décerner une valable recommandation de placer sa confiance en Dieu.

Cet homme de bien, toujours prêt à s'immoler, n'avait pas hésité à sacrifier les délices d'un entretien avec de nombreux convives, pour exhorter ce frère indigent, et s'était fait servir en particulier une tasse *unique* d'excellent café dont il avait fait boire un bon tiers à son chien fidèle.

Et partout ainsi. La pluie même se déclarait à la fin contre le désespéré, une transperçante pluie noire qui lui détrempait le cœur. Il se crut alors dans un chenil de démons et fut, au même instant, jugé digne de collaborer au salut du monde.

*
* *

A deux pas de lui, sous la même porte cochère, s'abritait un inconnu qui l'observait avec attention.

Cet inconnu signalé par toutes les polices de l'Europe, avait une de ces figures en mastic où il semble que les serrures les plus compliquées pourraient s'empreindre et sur lesquelles un chiromancien découvrirait la *ligne de vie* du téméraire qui les souffleta ; — une de ces figures modifiables et impersonnelles qui ne paraissent avoir d'autre emploi que de refléter la blafarde peur de la multitude.

Personnage débile qui eût pu être fauché d'un seul coup de poing décoché par un faible bras et trituré sous n'importe quel talon, sans que la pitié la plus attentive s'en émût, sans que l'idée même d'un malheur ou d'un préjudice quelconque s'éveillât, tellement on le devinait absent de toute solidarité sublunaire.

C'était un de ces Êtres engendrés par la Colère silencieuse, qui ont juste assez de surface humaine pour incorporer le Danger social dont ils sont les simulacres effrayants.

Colis étranges cahotés dans les trains rapides ou

les paquebots transatlantiques pour apparaître au moment précis où la tige de l'universelle Inquiétude s'élance du cœur des agonisants qu'on outrage.

Les ressources de la répression n'y peuvent rien. Ils sont incolores et dilués comme le crépuscule des soirs et c'est toujours un fantôme qui s'interpose quand la main pénale croit les saisir.

Mais la Mort soudaine obéit à ces contumaces, comme une chienne de voleur de nuit, et l'Épouvante marche devant eux dans des brodequins de velours...

．．

L'inconnu redoutable observait donc le mourant de faim et son œil unique, frangé de cils pâles, ressemblait à une araignée couleur d'argent au fond de sa toile.

— Hein ! c'est rigolo, n'est-ce pas ? dit-il tout à coup, c'est tout à-fait rigolo de chercher de la galette chez les bourgeois, quand on crève de faim, quand les enfants gueulent et que le ciel fait pipi partout.

Entendant cet écho fidèle de ses intérieures doléances, le vagabond ne put se retenir d'exhaler sa plainte.

— Ah ! les cochons... soupira-t-il.

Puis, tout à coup, se ravisant :

— Vous me connaissez donc, monsieur ?

— Je ne connais personne, répondit l'autre, et le

lapin qui pourra se vanter de me connaître est encore dans le tiroir d'une petite maman qui ne vêlera jamais. Il suffit de te regarder une minute, mon pauvre bonhomme. Ta figure a l'air d'un paillasson sur lequel tout le monde aurait essuyé ses bottes. Tu n'as pas mangé depuis deux jours, je vois ça à ta manière de poser tes pattes de derrière, et tu as dans le coin de l'œil un picotement de bon bougre qui ne souffre pas seulement pour sa carcasse. Tiens, fourneau, regarde donc cette affiche de notaire. Cent vingt mille ronds de petite braise d'amour pour une turne avec jardin et goguenots confortables. Un morceau de pain, quoi ! Eh bien ! tu me fais l'effet d'un placard de vente aux enchères et je te lis aussi facilement que tu mangerais un poulet rôti. Voyons, combien veux-tu de ta peau ? Je l'achète, moi,

— Monsieur, dit à son tour le famélique, vous avez tort de vous moquer de moi. Je vous assure que je n'ai pas le cœur à la plaisanterie.

L'étranger eut un sourire de ses dents noires et déchaussées qui le fit paraître plus livide encore.

— C'est vrai, fit-il, je m'entends à la plaisanterie. J'ai fait quelquefois d'assez bonnes farces qui ont eu un certain retentissement. Je suis même très *recherché* pour cela. Mais je ne plaisante pas toujours Écoute-moi bien et tâche de ne pas me faire répéter. Je n'ai pas l'habitude de causer si longtemps que ça. Voici un billet de cent francs. Va te remplir, gave ta famille, crève-là si tu peux, amuse-toi et viens me trouver demain, rue Ramey, 366, chez le papa Bissextil. *Tu demanderas monsieur* RENARD. C'est bien compris, n'est-ce pas ? Bonsoir.

**
* **

Il faut croire que ce magnifique avait un don rare de pénétration et qu'il savait admirablement ce qu'il faisait, car les deux hommes partirent le lendemain soir pour Barcelone où les appelait sans doute une affaire de grande importance.

SACRILÈGE RATÉ

XX

SACRILÈGE RATÉ

à Paul Jury

Dans l'après-midi de ce jour saint, les paysannes accroupies çà et là autour du confessionnal s'écartèrent tout à coup, avec l'empressement le plus respectueux, pour faire place à la vicomtesse Brunissende des Égards qui s'approchait en falbalas du Tribunal de la Pénitence.

Le confesseur était un simple bonhomme, missionnaire de la Congrégation des Lazaristes, envoyé pour prêcher la station du Carême dans cette campagne religieuse encore et qui donnait un coup de main au vieux curé pour les lessives pascales.

La brillante vicomtesse qui régnait sur toute la contrée et qui était pour les pauvres gens de son fief, l'archétype des magnificences, vint s'agenouiller rapidement et sans barguigner dans l'humble compartiment dévolu aux aveux réconciliatoires.

Le missionnaire, l'ayant aperçue, se hâta d'absoudre une sabotière qui le cramponnait dans l'autre alvéole et, presque aussitôt, ouvrit le sabord des exhortations à la pénitente considérable que lui envoyait le ciel.

Celle-ci ne lui permit pas de placer un mot.

— Monsieur le prédicateur, dit-elle tout de suite, j'imagine que votre temps est précieux et je commence par vous déclarer que je ne peux disposer moi-même que d'un très petit nombre d'instants. Je suis impatiemment attendue par mon dix-septième amant, un imbécile adorable à qui j'ai résolu de livrer mon corps et mon âme, dans une heure ou deux.

Je suis athée, autant qu'on peut l'être et je fais tout ce qu'il me plaît de faire. J'ai l'horreur des pauvres, j'exècre la douleur et j'aime mieux une mauvaise conscience qu'une mauvaise dent, comme l'a dit agréablement un poète juif que vous ne connaissez pas.

Je me moque de votre Dieu sanglant et n'ai que

faire des absolutions que vous prodiguez aux petites bonnes gens de ce village. Mais mon mari est un député vertueux qui a besoin de l'admiration de ses électeurs. Que ne dirait-on pas dans le pays si on apprenait que la vicomtesse des Égards ne fait pas ses pâques?

Nous avons, au contraire, le devoir de prêcher d'exemple et je vous annonce que j'aurai la joie de recevoir de votre main les pain des anges, dimanche prochain, à la grand'messe.

Maintenant, mon père, j'estime que le temps normal d'une confession ordinaire a dû s'écouler, les âmes pieuses qui nous environnent doivent être suffisamment édifiées sur mes sentiments chrétiens et je serais inexcusable d'accaparer votre ministère. Je vais donc me retirer modestement, comme il convient à une pécheresse qui vient de se réconcilier avec son Sauveur, en vous priant de nous honorer le plus tôt possible de votre présence au château où je m'efforcerai très humblement de vous rendre votre politesse de la table sainte.

Une minute après, la châtelaine s'étant prosternée au pied de l'autel pour y former, sans doute, un fervent propos, sortait de l'église telle qu'une frégate sort d'un port, laissant derrière elle un sillage de parfums étranges que les villageoises respirèrent comme les romarins du Paradis.

*
* *

Le lendemain, le prédicateur, aussitôt sa messe dite, monta aux Égards et se fit annoncer à Brunissende.

Les domestiques bien pensants admirèrent en lui un ecclésiastique d'une longueur inusitée, une espèce de phénicoptère sacerdotal qu'on pouvait croire spécialement façonné pour la recherche des brebis perdues, ou des drachmes en vieil argent qu'il est difficile de retrouver sous les meubles somptueux des riches demeures où le désordre s'est acclimaté.

Sa forte face marquait soixante ans, comme une échelle d'étiage marque les grandes crues d'un fleuve, et sa physionomie offrait, en cette occasion, le spectacle d'une bonté de ruminant mise en déroute et harcelée par d'inexprimables tintoins.

On l'introduisit, mais il dut attendre plus d'une heure, car tout le monde sait, aujourd'hui, que le premier devoir d'un prêtre est d'attendre que les belles dames se lèvent, quand elles ont le loisir ou la condescendance de le recevoir.

— Ah! mon cher père, dit la vicomtesse, qui daigna paraître enfin, quelle aimable surprise! Je me suis précipitée de mon lit pour vous recevoir, mais je crains vraiment de vous avoir fait attendre, bien malgré moi, je vous le jure, et je compte sur votre charité pour excuser une mondaine qui ne pouvait pas deviner que vous lui feriez la grâce d'un si matinal bonjour.

— Madame, le soleil est levé depuis cinq heures et plusieurs millions de chrétiens ont déjà souffert. Beaucoup d'entre eux agonisent et se désespèrent, à la minute que voici... répondit assez rudement le missionnaire. Je ne serais pas venu vous troubler si tôt, ni même plus tard, croyez-le bien, si l'honneur de Dieu ne m'en avait fait un devoir pressant............

Je vous dois une nuit cruelle, madame, et ce matin, il m'a semblé qu'un ange terrible me traînait par les cheveux jusqu'à votre seuil. Je suis ici pour vous demander si vous êtes préparée à la mort.

*
* *

La jolie femme éclata de rire.
— A la mort ? Mais c'est admirable, cela ! Ai-je l'air d'une agonisante ? Ou me prenez-vous pour une criminelle qu'on va guillotiner au point du jour ? Et c'est pour me dire cela que vous me forcez à sortir du lit à neuf heures du matin, comme une balayeuse des rues ? C'est pour placer ce folâtre petit mot que vous vous êtes dérangé vous-même ? Ah ! ça, voyons; mon cher père, êtes-vous dans votre bon sens ?

— Je pourrais vous faire la même question, madame, et je la ferais sans doute bien vainement... Je sais ce que je vous dis, répondit le prêtre, d'une voix d'en bas qui parut faire quelque impression, je le sais profondément. Auriez-vous oublié déjà ce qui s'est passé hier dans l'église, entre vous et moi?

— Je sais, monsieur, que vous avez reçu mes aveux au sacrement de pénitence et que le secret de la confession est inviolable. Je sais cela et rien de plus.

Il y eut un silence.

— Il me reste donc à vous apprendre ce que vous ne savez pas ou ne voulez pas savoir. Soit. Vous êtes venue porter à Dieu un abominable défi. Non contente de profaner hideusement et par pure méchanceté ce sacrement que vous avez l'audace de nommer, vous avez affirmé le dessein d'un sacrilège plus effrayant... Naturellement, vous avez compté sur le silence d'un malheureux prêtre lié par son caractère sacré... Je pourrais peut-être vous répondre que je n'ai pas à garder le secret d'une confession qui *n'existe pas*, mais ces formes sont si saintes que la simagrée vaut l'acte même. Je me tairai donc.

Cependant, vous êtes en danger, et j'ai le devoir de vous avertir. Il est temps encore... Je vous supplie par le Sang du Christ que j'ai consommé tout à l'heure. Ne me réduisez pas à devenir votre juge.

— Oh! qu'à cela ne tienne, monsieur le buveur de sang, devenez mon juge tant qu'il vous plaira. Cette licence accordée, comme nous ne sommes pas précisément au Tribunal révolutionnaire, je vous supplie à mon tour de mettre un terme à cette plaisanterie déplorable, dont je suis déjà très lasse, je vous assure.

— Je me retire donc, dit le missionnaire. Voici mon dernier mot. Défi pour défi. J'ignore ce que Dieu fera de votre âme et je tremble d'y penser. Mais je sens que *vous ne pourrez pas* accomplir, dimanche, l'acte épouvantable que vous m'avez annoncé du fond de vos ténèbres. Le Christ glorieux est le pain des pauvres, madame, et il se mange dans la lumière.

..*

Conclusion.

Le jour de Pâques, l'église était pleine et Brunissende était à son banc de seigneuresse du canton, plus éblouissante que jamais.

Le prédicateur avait tenu à célébrer cette messe solennelle. Ayant lu l'évangile des Aromates et de la Résurrection, il dépouilla ses ornements et parut en chaire.

Il était extrêmement pâle et ressemblait, en son surplis, à cet ange vêtu de blanc que les saintes femmes virent au Tombeau.

Insolitement, il parla sur ce texte : *Edent pauperes et saturabuntur*, les pauvres mangeront et seront rassasiés.

Il parla près d'une heure, comme s'il attendait

que le souffle lui manquât, comme s'il espérait mourir à force de parler, sa parole s'exaltant de plus en plus, jusqu'à devenir quelque chose d'effrayant, de lumineux, de surnaturel.

Cet homme sans éloquence fut sublime. Il s'exprima tellement sur la pauvreté que son guenilleux auditoire parut un congrès de potentats et qu'à la fin, la hautaine vicomtesse eut l'air d'une infortunée qui mendie son pain.

Quand ce fut l'instant de la communion pascale, il arriva simplement ceci :

Brunissende agenouillée la première, le troupeau des humbles s'approchant, recula soudain, comme devant un mur de flammes et le prêtre qui descendait la dernière marche de l'autel pour s'en venir, portant le ciboire, vers la table sainte, remonta précipitamment...

On fut obligé de purifier le sanctuaire, et tous les ans, à pareil jour, une cérémonie lavatoire est scrupuleusement observée.

La vicomtesse des Égards paraît vivre depuis cette époque, mais elle est, en réalité, plus misérable que les habitantes des tombeaux...

Ainsi me fut expliquée la déconfiture politique d'un des fantoches les plus éminents de l'Ordre moral.

LE TORCHON BRULE!

XXI

LE TORCHON BRULE !

à Edmond Picard

Nous étions, ce soir-là, chez Henry de Groux, le peintre des homicides, une dizaine environ de récipiendaires à l'éternité.

Nous nous étions triés attentivement pour qu'il n'y eût pas au milieu de nous un seul de ces gens qui sont promis aux académies et qu'une dérisoire immortalité peut satisfaire.

Il était solidement établi, dans nos conseils, que nul n'admettrait jamais ni commencement ni fin de quoi que ce fût et ne descendrait jusqu'à l'abjection de s'imaginer *comblé* d'un bonheur quelconque.

Nous étions les chanoines de l'Infini, les protonotaires de l'Absolu, les exécuteurs médiques de toute opinion probable et de tout lieu commun respecté. De temps en temps, j'ose le dire, la foudre tombait sur nous.

Ce soir donc, après d'amples et photogéniques déclarations sur maint objet, il arriva qu'un chasseur de licornes, aussi opiniâtre que subtil, renommé pour ses doctrines hyrcaniennes et son facies glabre, crut devoir s'exprimer ainsi :

*
,

— Remarquâtes-vous suffisamment, chers compagnons, la bouffonnerie supérieure de ce qu'on est convenu d'appeler la Répression? Des statistiques persévérantes et jubilatoires nous renseignent périodiquement sur le flux et le jusant des transgressions de nos lois pénales. Nous jouissons de catalogues synoptiques où se trouvent consignés, en chiffres naturellement arabes, les assassinats ou les viols qui nous ont aidés à supporter la monotonie des heures et que la magistrature a punis sans indolence, de telle époque à telle autre époque.

Il serait inutile, je suppose, de contester l'intérêt patriotique de ces documents dont les philanthropes consciencieux frémissent coutumièrement de l'ergot à la caroncule.

Il ne le serait pas moins, vous en conviendrez sans blémir de rage, d'entreprendre la divulgation de l'universelle crapulerie des honnêtes gens. Les voleurs de grandes routes et les plus notoires malandrins eux-mêmes s'insurgeraient contre un tel décri des pondérateurs de l'équilibre social.

Mais je crois vous être agréable en vous offrant le poème d'une expérience très banale qui m'a réussi.

Hier matin, passant rue Saint-Honoré, j'aperçus un homme vénérable qui descendait les marches de Saint-Roch. C'était un si doux vieillard qu'il répandait comme de la tiédeur à l'entour de lui. On avait, en le regardant, la sensation de manger de la moelle de veau. Ses modestes mains déversaient toutes les clémences disponibles et son menu pas lui donnait l'air d'un bonhomme en sucre qui marcherait sur des entrailles de lapin. Le ciel qu'il interrogeait d'un œil affable était, à n'en pas douter, son ami, son camarade le plus intime. Il venait certainement d'accomplir des exercices de piété d'une indiscutable ferveur et s'acheminait, à coup sûr, vers des pratiques fraternelles que les chatteries du ciel pouvaient seules récompenser — un peu plus tard.

Je conclus immédiatement de cet examen qu'un parfait drôle était devant moi, et m'approchant :

— Monsieur, lui dis-je d'une voix brève et sourde, prenez garde! *Le torchon brûle!*

Vous savez qu'il n'est pas facile de m'étonner. Eh! bien, mes amis, l'effet de cette parole me déconcerta jusqu'à me rendre imbécile pour quelques heures.

Le personnage devint vert, me jeta les yeux fous et désespérés d'un nègre entamé par un crocodile, se mit à trembler comme une avenue de trembles et s'élança dans une voiture qui disparut instantanément.

Voici donc ce que j'avais à vous dire. Je suis persuadé qu'une expérience analogue, en la supposant très bien faite, donnerait, dix-neuf fois sur vingt, le même résultat. Il ne tient qu'à vous d'essayer. Les consciences modernes sont tellement endettées qu'il est au pouvoir du premier audacieux venu de se transformer en coup de tonnerre et de circuler comme la Gorgone au milieu des foules honorables.

*
* *

— Parbleu! s'écria le tonitruant Rodolosse, vous tombez singulièrement, mon cher. J'ai sur moi, depuis quelques jours, une lettre confidentielle que je vais vous lire à l'instant. Je ne suis pas un ecclésiastique pour garder le secret des confessions et, d'ailleurs, je m'arrêterai à la signature. Mais les aveux de son auteur confirment et assermentent à tel point le paradoxe joyeux qu'on vient d'entendre qu'il me serait impossible de vous priver d'un témoignage si concluant.

La lettre que voici, continua-t-il, exhibant une feuille de papier, est d'un artiste fort connu et parfaitement honorable, vous m'entendez bien ? parfaitement et absolument ho-no-ra-ble.

« Cher monsieur, vous me fîtes l'honneur, il y a quelques jours, de remarquer en moi une certaine tristesse que rien ne dissipe et dont la cause vous échappait. Vous insistâtes pour la connaître. Je me décide aujourd'hui à vous satisfaire.

» C'est un secret terrible et passablement dangereux que je porte depuis quinze ans. Vous paraissez avoir vu plus profondément en moi que les autres hommes. Peut-être ne serez-vous pas trop étonné. Peut-être même sentirez-vous quelque pitié pour un individu lamentable que le monde croit heureux et que déchirent continuellement des remords atroces.

» N'importe, je me livre à vous dans l'espoir d'être soulagé d'une partie de ce fardeau chaque jour plus accablant. On finit toujours par être forcé de se confesser à quelqu'un, et je vous choisis pour n'être pas exposé à la tentation de m'adresser au premier gendarme venu, puisque je n'ai pas le courage de chercher un prêtre.

» Rassurez-vous, ce ne sera pas long.

» En 187.., j'avais vingt-cinq ans et je crevais de

misère. A cette époque, rien ne pouvait me faire pressentir le succès futur et la consécutive prospérité que m'envient sans doute, aujourd'hui, quelques pauvres diables qui ont hérité de ma détresse. J'étais, alors, dévoré moi-même de la plus basse, de la plus haineuse envie. Féru de la beauté de mon âme et ne doutant pas de mon génie, pouvais-je tolérer que des gens vulgaires, de définitifs crétins et d'imperfectibles cancres possédassent impunément des habitations, des femmes, des cochons, des pommes de terre, cependant que le plus grand artiste du monde couchait sous le pavillon des chastes étoiles?

» Car j'étais sans domicile, sans argent, quelquefois même sans poches, et mon estomac d'adolescent récriminait sous la loi dure de l'appétit le plus insatiable.

» Stimulé par un trafiquant de chair humaine, j'avais entrepris le courtage des assurances sur la vie des autres et ne parvenant pas à décrocher la moindre police, j'expirais littéralement de faim dans la campagne, en m'efforçant de gagner Paris de mon pied léger... »

*
* *

En cet endroit, messieurs, dit le lecteur, les détails et les circonstances de lieu sont d'une telle précision que je suis forcé de passer un assez grand nombre de lignes. Vous êtes, d'ailleurs, suffisamment édifiés sur la posture d'âme de mon correspondant. J'arrive donc au dénouement.

«... On était au mois d'août et la chaleur avait été insupportable tout le long du jour. Exténué, incapable de marcher sous ce soleil féroce, j'avais dormi ou essayé de dormir au bord du chemin, à l'abri d'une meule immense, la dernière d'une longue file qui commençait à la grange d'une métairie où on m'avait refusé brutalement l'hospitalité.

» Quand je me réveillai, la nuit était tout à fait venue. Une délicieuse nuit sans lune. Il me sembla que je franchirais sans peine les quatre ou cinq lieues qui me séparaient encore de Paris. Mais j'avais si faim que je fus au moment de pleurer.

» Comme je cherchais machinalement dans mes guenilles un reste de pain, une bouchée de n'importe quoi, ma main rencontra un objet que je crus être une vieille croûte. Aussitôt je le portai à ma bouche en rugissant de bonheur.

» *C'était une boite d'allumettes.*

» Je ne l'avalai pas, cette boîte maudite, cette boîte infâme dont je n'ai jamais pu m'expliquer la présence et que m'envoyèrent sans doute les démons.

» Cependant quelque chose descendit en moi, quelque chose qui me parut meilleur que le rassasiement de mes intestins. Je fus saturé, soûlé, *rafraichi* du vin délectable de la haine et de la vengeance. J'avais remarqué qu'un léger souffle passait, filant du côté de la métairie...

» Une demi-heure plus tard, tout flambait. La maison inhospitalière devint un amas de cendres et une vieille paralytique, m'a-t-on dit, fut calcinée... La justice n'a jamais pu trouver le coupable... »

Notre ami Rodolosse en était là, lorsqu'un sculpteur dont je contemplais la barbe soyeuse, tourna vivement le bouton de la lampe qui nous éclairait et on entendit *plusieurs* hommes sangloter dans les ténèbres.

LA TAIE D'ARGENT

XXII

LA TAIE D'ARGENT

à Alcide Guérin,
celui de mes contes que je préfère.

— Ayez pitié d'un pauvre clairvoyant, s'il vous plaît !

Histoire des plus banales. Il avait eu le malheur d'être atteint de *clairvoyance* à la suite d'une catastrophe épouvantable dans laquelle un grand nombre d'honnêtes gens avaient succombé.

C'était, je crois, une déconfiture de chemin de fer, à moins que ce ne fût un naufrage, un incendie ou un tremblement de terre. On n'a jamais pu savoir. Il n'en parlait pas volontiers et, quelles que fussent les précautions ou les finesses, il se dérobait toujours à l'insultante curiosité des individus charitables.

Je me rappellerai toujours sa décorative prestance de suppliant, sous le porche basilicaire de Saint-Isidore-le-Laboureur, où il demandait l'aumône. Car sa ruine était absolue.

Impossible de résister à l'attendrissement respectueux provoqué par une infortune si rare et si noblement supportée.

On sentait que ce personnage avait autrefois connu, mieux que beaucoup d'autres sans doute, les joies précieuses de la cécité.

Une éducation brillante avait dû certainement affiner en lui cette inestimable faculté de ne rien voir, qui est le privilège de tous les hommes, à peu près sans exception, et le criterium décisif de leur supériorité sur les simples brutes.

Avant son accident, il avait pu être, on le devinait avec émotion, un de ces aveugles remarquables appelés à devenir l'ornement de leur patrie, et il lui restait de cette époque une mélancolie de prince des ténèbres exilé dans la lumière.

Les offrandes, cependant, ne pleuvaient pas dans le vieux chapeau qu'il tendait toujours aux passants. Un mendiant frappé d'une infirmité aussi extraordinaire déconcertait la munificence des dévots et des dévotes qui se hâtaient, en l'apercevant, de pénétrer dans le sanctuaire.

Instinctivement, on se défiait d'un nécessiteux qui voyait le soleil en plein midi. Cela ne pouvait s'expliquer que par quelque crime exceptionnel, quelque sacrilège sans nom qu'il expiait de la sorte, et les parents le montraient de loin à leur géniture comme un témoignage vivant des redoutables sentences de Dieu.

On avait même eu peur, un instant, de la contagion, et le curé de la paroisse avait été sur le point de l'expulser. Par bonheur, un groupe de savants honorables, dont la compétence ne pouvait être mise en doute, avait déclaré, non sans aigreur, mais de la façon la plus péremptoire, que « ça ne se prenait pas ».

*
* *

Il vivait donc chichement de rares aumômes et du maigre fruit des travaux futiles où il excellait.

Il n'avait pas son pareil pour enfiler des aiguilles. Il enfilait même des perles avec une rapidité surprenante.

Personnellement, je me vis forcé, naguère, de recourir à lui, plusieurs fois, pour déchiffrer les œuvres d'un psychologue renommé qui avait adopté l'usage d'écrire avec des poils de chameau fendus en quatre.

C'est ainsi que nous nous connûmes et que se forma l'intimité regrettable qui devait, un jour, me coûter si cher.

Dieu me préserve d'être dur pour un pauvre monstre qui, d'ailleurs, est heureusement enterré depuis longtemps. Mais on juge combien dut être néfaste sur ma jeune imagination l'influence d'un particulier qui m'enseigna le secret magique — oublié depuis tant de siècles — de distinguer un lion d'un porc et l'Himalaya d'un cumul de bran.

Cette science dangereuse a failli me perdre. Peu s'en est fallu que je ne partageasse le destin de mon précepteur. J'en étais arrivé à ne presque plus *tâtonner*. Ce mot-là dit tout.

Mon étoile bénigne, grâce au ciel! me sauva du gouffre. Je pus me dégager peu à peu de cet ascendant funeste, rompre définitivement le charme et faire encore une assez bonne figure parmi les taupes et les quinze-vingts qui jouent entre eux le colin-maillard de la vie.

Mais il était temps, rien que temps, et je fus réduit à payer d'une partie considérable de mes revenus la dextérité fameuse d'un oculiste de Chicago qui m'opéra définitivement de la lumière.

.*.

Cependant je voulus savoir ce que devenait le mendiant terrible, et voici très exactement sa fin.

Quelques années encore, il continua sa mendicité de clairvoyant à la porte de la cathédrale. Son mal, dit-on, s'accrut avec l'âge. Plus il vieillissait, plus il voyait clair. Les aumônes diminuaient à proportion.

Les vicaires lui donnaient encore quelques liards pour l'acquit de leur conscience. Des étrangers qui ne se doutaient de rien ou des êtres appartenant au plus bas peuple et qui, très probablement, avaient en eux le principe secret de la clairvoyance, le secouraient quelquefois.

L'aveugle de l'autre porte, homme juste et pitoyable qui faisait de belles recettes, le gratifiait d'une humble offrande aux jours de grand carillon.

Mais tout cela était vraiment bien peu de chose, et la répulsion qu'il inspirait, devenant chaque jour plus grande, il y avait lieu de conjecturer qu'il ne tarderait pas à crever de faim.

C'était à croire qu'il en avait fait le serment. Avec cynisme, il étalait son infirmité, comme les culs-de-jatte, les goîtreux, les ulcéreux, les manicrots ou les rachitiques étalent les leurs, aux fêtes votives, dans les campagnes. Il vous la mettait sous le nez, vous forçant pour ainsi dire, à la respirer.

Le dégoût et l'indignation publics étaient à leur comble, et la situation du malandrin ne tenait plus qu'à un seul cheveu, lorsque survint un événement aussi prodigieux qu'inattendu.

Le clairvoyant héritait d'un petit neveu d'Amérique, devenu insolemment riche dans la falsification des guanos et qui avait été dévoré par des cannibales de l'Araucanie.

L'ex-mendiant ne fit pas réclamer ses restes, mais réalisa la succession et se mit à faire la noce.

On aurait pu croire que l'invraisemblable et quasi monstrueuse lucidité qui l'avait rendu célèbre allait aussitôt devenir *galopante* comme une phtisie que précipite le dévergondage. Ce fut précisément le contraire qui arriva.

Quelques mois plus tard, il était radicalement guéri, — sans opération. Il perdit toute clairvoyance et devint même complètement sourd.

Ne vivant plus que pour se rincer les tripes, il était enfin délivré du monde extérieur, par *la Taie d'argent*.

UN HOMME BIEN NOURRI

XXIII

UN HOMME BIEN NOURRI

à Eugène Grasset

« Monsieur, j'ai le regret de vous informer que M. Vénard Prosper, salle Bouley, 13, est décédé à dix heures du matin, le 17 octobre 1893. Je vous prie de faire connaître de suite vos intentions relativement à la sépulture du corps qui doit être enlevé dans les vingt-quatre heures et d'apporter, en même temps, les pièces nécessaires (acte de naissance ou de mariage) pour rédiger régulièrement l'acte de décès ».

Ce fut par un tel avis daté de l'hôpital Necker que

j'appris, le mois dernier, la mort sans gloire d'un des hommes les mieux nourris qu'on ait observés au-dessous des montagnes de la lune, depuis les grands goinfres tourangeaux dont Rabelais nous a transmis les épopées.

Je m'honore d'avoir été son ami et me loue d'avoir partagé quelques-unes de ses bombances. Mais je ne sais comment il se fit que j'étais demeuré seul d'une multitude, quand survint le marasme inexplicable qui devait le consumer à trente-cinq ans. Le malheureux n'eut que moi pour le visiter en ses derniers jours et pourvoir à ses funérailles.

Je fis de mon mieux, content d'épargner au cadavre les profanations odieuses de l'amphithéâtre et la terrifiante avanie dernière de ce crématoire où l'Assistance publique, toujours maternelle, fait brûler, sans leur permission, les indigents morts dans ses antres.

Car les pauvres ne possèdent même pas leur carcasse, et quand ils gisent dans les hôpitaux, après que leur âme désespérée s'est enfuie, leurs pitoyables et précieux corps promis à l'éternelle résurrection, — ô douloureux Christ ! — on les emporte sans croix ni oraison, loin de vos églises et de vos autels, loin de ces beaux vitraux consolants où vos amis sont représentés, pour servir, comme des charognes d'animaux immondes, aux expérimentations des charcutiers ou des faiseurs de poussière...

Mais, pardon, j'allais perdre de vue qu'il s'agit d'une histoire précisément saturée de consolation et que les optimistes les plus déçus ne liront pas, j'ose l'espérer, sans quelque douceur.

*
* *

Mon ami Vénard pratiquait, avec une espèce de génie, le plus oublié des arts. Il n'était pas seulement un *enlumineur*, il était le rénovateur de l'Enluminure et l'un des plus incontestables artistes contemporains.

Il m'a raconté qu'ayant fait dans sa jeunesse d'assez fortes études de dessin, cette vocation singulière lui fut révélée beaucoup plus tard, lorsqu'au retour d'une expédition fameuse où il avait failli périr, et son patrimoine ayant disparu, la misère le contraignit à chercher quelque moyen de gagner sa vie.

A toutes les époques, cet homme d'action, enchaîné sur le gril de ses facultés, avait machinalement essayé de les décevoir par l'application de sa main à des ornementations hétéroclites dont il surchargeait, en ses heures de pesant loisir, les billets d'un laconisme surprenant qu'il écrivait à ses amis ou à ses maîtresses.

On montrait de lui des messages de trois mots notifiant des rendez-vous, dans lesquels l'amplification amoureuse était remplacée par une broussaille d'arabesques, de feuillages impossibles, d'enroulements inextricables, de figures monstrueuses insolitement coloriées, où les quelques syllabes exprimant son bon plaisir s'imposaient rudement à l'œil en onciales carlovingiennes ou caractères anglo-saxons, les deux écritures les plus énergiques, depuis la rectiligne capitale des éphémérides consulaires.

Un mépris gothique pour toutes les manigances contemporaines lui avait donné le besoin, le goût passionné de ces formes vénérables, dans lesquelles il faisait entrer sa pensée comme il aurait fait entrer ses membres dans une armure.

Peu à peu la lettre ornée lui avait inspiré l'ambition de la lettrine *historiée*, puis de la miniature détachée du texte, avec toutes ses conséquences, — conformément à la progression de cet art primordial et générateur des autres arts, commençant à la pauvre transcription des moines mérovingiens pour aboutir, après une demi-douzaine de siècles, à Van Eyck, Cimabué et Orcagna qui continuèrent sur la toile, avec des couleurs plus matérielles dont la Renaissance allait abuser, les traditions esthétiques du spirituel Moyen Age.

Son habileté devint prodigieuse aussitôt qu'il eût décidé d'en tirer parti et il apparut un artiste merveilleux, de l'originalité la plus imprévue.

Il avait étudié avec soin et consultait sans cesse

les monuments adorables conservés à la Bibliothèque Nationale ou aux Archives, tels que les Évangéliaires de Charlemagne, de Charles-le-Chauve, de Lothaire, le Psautier de saint Louis, le Sacramentaire de Drogon de Metz, les célèbres livres d'heures de René d'Anjou, d'Anne de Bretagne et les miniatures sublimes de Jehan Fouquet, peintre attitré de Louis XI.

Il avait fait presque des bassesses pour obtenir l'autorisation de copier quelques scènes bibliques ou paysages dans les Heures magnifiques du frère de Charles V possédées par le duc d'Aumale.

Enfin, un jour, il avait accompli le coûteux pèlerinage de Venise, uniquement pour y étudier ce miraculeux Bréviaire de Grimani auquel Memling passe pour avoir collaboré et dont s'inspira Dürer.

Toutefois, il ne reproduisait jamais, ne fût-ce que par fragments juxtaposés, l'œuvre de ses devanciers du Moyen Age. Ses compositions, toujours étranges et inattendues, qu'elles fussent flamandes, irlandaises, byzantines ou même slaves, étaient bien à lui et n'avaient d'autre style que le sien, « le style Vénard », comme l'avait dit exactement Barbey d'Aurevilly, dans un feuilleton plein d'enthousiasme qui commença la réputation de l'enlumineur.

Dédaigneux des chloroses de l'aquarelle, son unique procédé consistait à peindre à la gouache, en pleine pâte, en exaspérant la violence de ses reliefs de couleur par l'application d'un certain vernis dont il était l'inventeur et qu'il ne livrait à l'analyse de personne.

Ses enluminures, par conséquent, avaient l'éclat et la consistance lumineuse des émaux. C'était une fête pour les yeux, en même temps qu'un ferment puissant de rêverie pour les imaginations capables de faire reculer la croupe de la Chimère, et de réintégrer les siècles défunts.

*
* *

Il me reste maintenant à expliquer comment ce personnage extraordinaire fut un homme si bien nourri et comment sa fin lamentable a pu être, pour un grand nombre, l'occasion de se consoler.

On sait que je n'en laisse échapper aucune de faire valoir mes contemporains et que c'est pour moi un besoin de répandre sur les cœurs souffrants le dictame de mes adjectifs.

Ici, par bonheur, je n'ai presque rien à faire. Je me demande même si jamais la grandeur morale a tant éclaté qu'en cette occurrence du trépas de l'enlumineur.

Prosper Vénard n'était pas encore enterré que, déjà, vingt feuilles rédigées par de justes écrivains mentionnaient en gémissant les origines peu connues de sa déchéance.

L'enlumineur n'avait pensé qu'à manger. Pendant dix ans on ne l'avait vu occupé, pour ainsi dire, qu'à chercher de la nourriture. Il aurait fallu vider les caisses publiques pour obtenir son rassasiement et tous les troupeaux de la Mésopotamie n'aurait pu combler la voracité de ce défunt.

Mais enfin, grâce à Dieu! c'était fini. Le cyclone de cette fringale s'était dissipé. Les autres humains, à leur tour, allaient être admis à fonctionner de la mandibule inférieure, et la société française, délivrée d'un si grand péril, pourrait tranquillement se remettre à table.

Les révélations affluèrent. — Je l'ai nourri pendant deux ans, disait l'un. — Il venait sans cesse dîner chez moi, criait l'autre. — Je n'ai pu le voir une seule fois sans qu'il se plaignît de crever de faim, vociférait un troisième.

On découvrit avec stupeur que ce Vénard avait été gavé par tout le monde, sans exception, Plus de cinq cents personnes, peut-être, avaient été occupées exclusivement à l'emplir du matin au soir, et s'il était mort de langueur, comme l'affirmait si étrangement le chef de service de l'hôpital, c'est qu'alors il n'y avait jamais eu rien à faire et qu'il eût été beaucoup plus sage d'y renoncer, etc.

— Tranchons le mot, écrivait un de nos plus adipeux critiques, c'est décourageant, c'est profondément inéquitable. On a droit au moins à la graisse des cochons qu'on alimente à si grands frais. Ce monsieur n'était pas même capable de la gratitude la plus vulgaire.

C'était, ma foi, vrai. Mon ami le *maigre* Vénard mangeait assez bien, je ne dis pas non, quand il en trouvait l'occasion, ce qui arrivait, je crois, un peu moins souvent que la conjonction de Neptune et de Jupiter, mais il léchait mal.

On ne put jamais lui faire comprendre qu'un artiste pauvre a le devoir de sucer l'empeigne d'un avorton littéraire qui le régala d'épluchures, un certain jour, et que plus il est grand artiste, plus il a ce devoir.

Il comprit moins encore que l'emprunt d'une pièce de cent sous dût l'engager éternellement aux jean-foutreries de la complaisance et il fut sans respect pour les importants qui le dégoûtaient. De là sa réputation d'ingratitude.

J'ai bien essayé de le défendre. J'ai même poussé l'audace jusqu'à dire qu'il se pourrait, après tout, que quelques repas dénués de faste se trouvassent un million de fois payés par des travaux d'enluminure d'une incomparable magnificence, dont nul ne soufflait mot, et que l'exilé du Moyen Age avait offert simplement à ses *bienfaiteurs*.

Mais on m'a fermé la bouche en me faisant observer que les polychromies invendables de ce mangeur ne pourraient avoir une sorte d'intérêt que pour les hommes de la seconde moitié du vingtième siècle, époque assignée par quelques prophètes pour la résurrection de Barberousse ou de Charlemagne.

En attendant, la légende est inextirpable, et les ducs ou margraves, sortis des entrailles de l'Anarchie, qui gouverneront l'Europe dans cent ans, donneront peut-être des territoires en échange de quelques miniatures de ce Vénard, si fameux autrefois par sa goinfrerie, et que ses infortunés contemporains s'exténuèrent à bien nourrir.

LA FÈVE

XXIV

LA FÈVE

à Alphonse Soirat

> Un beau jeune homme et une belle jeune fille se sont épousés avec enthousiasme. Après la cérémonie, *seuls enfin!* assis en face l'un de l'autre sur des chaises confortables, ils se regardent longtemps sans rien dire et crèvent d'horreur.
>
> (*Précis d'histoire contemporaine.*)

Monsieur Tertullien venait d'attraper la cinquantaine, ses cheveux étaient encore d'un beau noir, ses affaires marchaient admirablement et sa considération grandissait de jour en jour, lorsqu'il eut le malheur de perdre sa femme.

Le coup fut terrible. Il aurait fallu de la perversité pour imaginer une compagne plus satisfaisante.

Elle avait vingt ans de moins que son mari, le visage le plus ragoûtant qui se pût voir et un caractère si délicieux qu'elle ne laissait jamais échapper une occasion de ravir.

Le magnanime Tertullien l'avait épousée sans le sou, comme font la plupart des négociants que le célibat incommode et qui n'ont pas le temps de vaquer à la séduction des vierges difficiles.

Il l'avait épousée « entre deux fromages », disait-il avec enjouement. Car il était marchand de fromages en gros et il avait accompli cet acte sérieux dans l'intervalle d'une livraison mémorable de Chester et d'un arrivage exceptionnel de Parmesan.

Cette union, j'ai le regret de le dire, n'avait pas été féconde, et c'était une ombre au gracieux tableau.

A qui la faute? Question grave qui pendait toujours chez les fruitiers et les épiciers du Gros-Caillou. Une bouchère hispide que le beau Tertullien avait dédaignée l'accusait ouvertement d'impuissance, au mépris des objections d'une granuleuse matelassière qui se prétendait documentée.

Le pharmacien, toutefois, déclarait qu'il fallait attendre pour se former une opinion, et la bienveillante masse des concierges désintéressés du litige approuvait la circonspection de ce penseur.

Ceux-là disaient avec une grande autorité que Paris n'a pas été bâti en un jour, que tout est bien qui finit bien, que qui veut voyager loin ménage sa monture, etc., et que, par conséquent, il y avait lieu de présupposer l'événement favorable qui mettrait, un jour ou l'autre, la dernière touche à l'éblouissante prospérité du fromager.

On aurait pu croire qu'il s'agissait d'un Dauphin de France.

*
* *

L'émotion fut grande quand on apprit la mort soudaine qui fauchait de si légitimes espoirs.

A moins que Tertullien ne se remariât promptement, hypothèse que sa douleur ne permettait pas d'accepter une seule minute, l'avenir de son établissement était fricassé, et ce fils de ses propres œuvres, déjà si riche quoique parti du néant, verrait à la fin sa clientèle passer à un successeur étranger !

Perspective noire qui devait amertumer singulièrement les regrets de l'époux en deuil.

Celui-ci parut, en effet, sur le point de culbuter dans un gouffre de désespoir.

J'ignore jusqu'à quel point le rêve d'une descendance fromagère le travaillait, mais je fus l'auriculaire témoin de ses beuglements douloureux et des sommations extra-judiciaires qu'il se fit à lui-même d'avoir à suivre sa Clémentine au tombeau dans des délais fort prochains que, d'ailleurs, il ne fixa pas.

Ayant eu le loisir d'étudier à fond cet homme sympathique avec qui j'entretins, dix ans, les plus étroites relations commerciales, il me fut donné d'observer un trait admirable, quoique peu connu, de son caractère.

Il avait une peur atroce d'être cocu. Tous ses ancêtres l'avaient été, depuis deux ou trois cents ans, et sa tendresse pour sa femme tenait surtout à la certitude inébranlable d'être exceptionnellement assuré par elle de l'intégrité de son front.

Sa *reconnaissance* avait même quelque chose de profondément cocasse et touchant. A la réflexion, cela finissait par devenir à peu près tragique, et je me suis demandé parfois, avec stupeur, si la stérilité scandaleuse de Clémentine était explicable autrement que par certains doutes bien étranges que pouvait avoir Tertullien sur sa *propre identité*, et par une crainte sublime de se cocufier lui-même, — en la fécondant.

**

Mais tout cela était trop beau, trop au-dessus des Marolles, des Bondons ou des Livarots, et la chose banale arriva qui devait infailliblement arriver.

Clémentine ayant restitué son âme au Seigneur,

l'infortuné veuf exhala d'abord, avec impétuosité, les gémissements et les sanglots que recommande la nature.

Quand il eut payé ce premier tribut — pour me servir d'une expression qu'il affectionnait — il voulut, préalablement à la cérémonie des obsèques dont la bousculade certaine le crispait d'avance, mettre en ordre lui-même les reliques de l'adorée.

C'était là que sa destinée marâtre l'attendait. Le labarum dérisoire des Tertulliens lui apparut.

Dans un tiroir mystérieux d'un meuble intime que le plus ombrageux mari ne se fût jamais avisé de soupçonner, il découvrit une correspondance volumineuse autant que variée qui ne lui permit pas de se cramponner une seconde.

Tous ses amis et connaissances y avaient passé. A l'exception de moi seul, tous avaient été chéris de sa femme.

Ses employés même — il trouva des lettres d'employés sur papier rose — avaient été simultanément gratifiés.

Il acquit la certitude que la défunte l'avait trompé nuit et jour, quelque temps qu'il fît, à peu près partout. Dans son lit, dans sa cave, dans son grenier, dans sa boutique, jusque sous l'œil du gruyère et dans les effluves du roquefort ou du camembert.

Inutile d'ajouter que cette correspondance malpropre le ménageait peu. On se fichait de lui sans relâche de la première ligne à la dernière.

Un employé du télégraphe, renommé pour la finesse de son esprit, le blaguait d'une manière aussi désobligeante que possible sur son commerce, au point de se permettre des allusions ou des *conseils* qu'il est impossible de publier.

Mais il y avait une chose inouïe, exorbitante, fabuleuse, à détraquer la constellation du Capricorne.

A ce dossier mortifiant s'annexait une interminable série de petits bâtons qui l'étonnèrent et dont la présence lui parut d'abord inexplicable. Mais appelant à lui la sagacité d'un Apache subtil penché sur une piste de guerre, une clarté vive l'inonda quand il s'aperçut que le nombre de ces objets était précisément le nombre des adorateurs encouragés de son infidèle, et que chacun d'eux était entaillé au canif d'une multitude de *coches* semblables à celles qui se pratiquent sur les souches des boulangers.

Évidemment, cette Clémentine avait été une femme d'un grand ordre et qui tenait à se rendre compte.

Le mari, écrasé d'humiliation, exprima le désir bien naturel qu'on le laissât seul avec la morte et s'enferma deux ou trois heures, comme un homme qui veut se livrer sans contrainte à son affliction.

*
* *

Quelques semaines plus tard, Tertullien offrait un dîner somptueux pour le jour des Rois.

Vingt convives mâles, triés avec soin, se pressaient autour de sa table. Une magnificence non pareille était déployée. Chère exquise, abondante et inattendue. Cela ressemblait au festin d'adieu d'un opulent prince qui est sur le point d'abdiquer.

Plusieurs cependant éprouvèrent un moment de gêne à l'aspect du décor funèbre que l'imagination, désormais lugubre, du fromager avait emprunté sans doute à quelque souvenir de mélodrame.

Les murs, le plafond même étaient tendus de noir, la nappe était noire, on était éclairé par des candélabres noirs où brûlaient des bougies noires. Tout était noir.

L'employé du télégraphe, complètement démonté, voulait s'en aller. Un jovial éleveur de porcs le retint, déclarant qu'il fallait « se mettre à la hauteur » et qu'il trouvait ça « très rigolo ».

Les autres, un moment indécis, se déterminèrent à narguer la mort. Bientôt, les bouteilles ne s'arrêtant pas de circuler, le repas devint tout à fait hilare. Au champagne, le triomphe du calembour était assuré et les cochonneries commençaient à poindre, lorsqu'un gâteau gigantesque fut apporté.

— Messieurs, dit Tertullien, qui se leva, nous allons vider nos verres, si vous voulez, à la mémoire de notre chère morte. Chacun de vous a pu connaître, apprécier son cœur. Vous ne pouvez avoir oublié, n'est-ce pas ? son aimable et tendre cœur. Je vous prie donc de vous pénétrer — d'une façon *très particulière*, — de son souvenir, avant que soit découpé ce gâteau des Rois qu'elle eût tant aimé à partager avec vous.

N'ayant jamais été l'amant de la fromagère, probablement parce que je ne l'avais jamais rencontrée, je n'avais pas été invité à ce dîner et ne pus savoir à qui échut la fève royale.

Mais je sais que le diabolique Tertullien fut inquiété par la justice pour avoir inséré, dans les flancs énormes de cette galette frangipanée, le *cœur* de sa femme, le petit cœur en putréfaction de la délicieuse Clémentine.

PROPOS DIGESTIFS

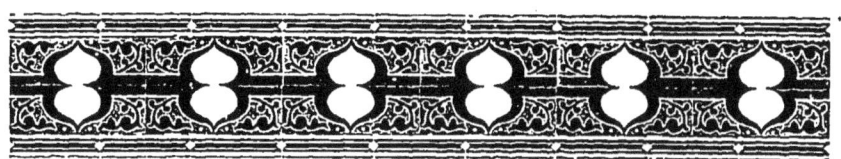

XXV

PROPOS DIGESTIFS

à André Noell

Tous les ventres étant pleins, on décida d'en finir avec les pauvres.

A dix heures du soir, une trentaine environ de plantigrades sublimes étaient tombés d'accord sur ce point que les « balançoires » fraternelles avaient duré trop de siècles et qu'il était expédient de verser une ample réprobation sur cette classe guenilleuse qui se complaît malicieusement à fendre le cœur des gens bien vêtus.

Diverses motions furent expectorées.

Le Psychologue roucoula qu'il n'y a de beau que la pitié, la vraie pitié judicieuse qui s'émeut aux gémissements du riche, et que c'est un crime social d'encourager la paresse des mendicitaires.

Il ajouta qu'une administration lumineuse aurait le souci de protéger avant tout, contre ces derniers, les intelligences distinguées et les « âmes fines » qui conservent encore parmi nous les traditions de l'élégance aristocratique et de la sensibilité.

La conclusion fut rotée par Francisque Lepion, philosophe gras et plein d'énergie qui réclama nettement les plus insalubres colonies pénitentiaires pour tout citoyen français incapable de justifier de trente mille francs de revenu.

Un homme libre qui avait eu des malheurs à Constantinople et qui s'était rendu célèbre en exécutant des rossignolades à la chapelle Sixtine du suffrage universel, appuya ce juste vœu d'un gazouillement tibicin.

Plusieurs poètes mucilagineux et inextricables énumérèrent les châtiments afflictifs qu'une vigoureuse répression devrait exercer contre les impénitents ou les relaps de la misère.

Les fusillades, les mitraillades, les noyades, les autodafés, les bannissements ou déportations en masse, arrachèrent successivement des cris d'enthousiasme.

Il arriva même qu'un bibliophile ayant sur lui,

par bonheur, l'édition princeps et rarissime de ce fameux *Bottin des Supplices*, en quatorze langues, imprimé pour la première fois, au commencement du neuvième siècle, à King-Tchéou-Fou sur les bords du Kiang, par le Plantin du Céleste-Empire, en lut quelques pages et fit pleurer d'attendrissement tous les auditeurs.

Je ne finirais pas si j'entreprenais de rapporter les apophtegmes transcendants que débitèrent, en cette occasion, les femmes parées qui se trouvaient là, et dont la raison est si supérieure à celle de l'homme, comme chacun sait.

D'ailleurs, tout ne sera-t-il pas dit quand on saura que cela se passait chez l'éblouissante vidamesse du Fondement, de qui l'époux trop heureux s'est couvert de gloire en négociant le traité bilatéral, — si longtemps considéré dans les cabinets européens comme un rêve irréalisable, — qui unit désormais, enfin ! la principauté de Sodome à la République Francaise ?

*
* *

Ma conscience d'historien ne me permet pas d'omettre un individu bizarre et passablement indéchiffré, dont la mise précaire étonnait dans un tel milieu.

On le surnommait familièrement Apémantus et il était le Cynique. Cette qualité précieuse lui conférait une espèce de bien-venue dans certains groupes ultra-superfins qui prétendaient à l'athénianisme suprême.

— De quoi vivez-vous ? lui demanda méchamment un jour, en présence de cinquante personnes, la plus acariâtre des poétesses.

— D'aumônes, madame, répondit-il simplement, avec un sang-froid de poisson mort.

Réponse, d'ailleurs inexacte, qui le caractérisait très bien.

On ne l'embêtait pas trop, lui sachant la dent cruelle, et parfois il dégainait une sorte d'éloquence barbare qui l'imposait à l'attention des inattentifs les plus rétractiles ou des délicats les plus crispés.

En somme, il disait tout ce qu'il voulait, privilège rare que ne lui contestait personne.

La maîtresse du lieu le pria donc, ce soir-là, de manifester son sentiment.

— Alors, tant pis, ce sera une histoire, dit Apémantus, une histoire aussi désobligeante que possible, cela va de soi ; mais auparavant, vous subirez, — sans y rien comprendre, j'aime à le croire, — quelques réflexions ou préliminaires conjectures dont j'ai besoin pour stimuler en moi le narrateur.

Il est malheureusement indiscutable que la pauvreté contamine la brillante face du monde, et il est tout à fait fâcheux que les dames pleines de parfums soient si souvent exposées à rencontrer de petits enfants qui crèvent de faim.

Je sais bien qu'il y a la ressource de ne pas les voir. Mais on sent tout de même qu'ils existent ; on entend leurs supplications inharmonieuses, on risque même d'attraper un peu de vermine, — vous savez bien, mesdames, cette ignoble vermine pédiculaire qui « ne se laisse pas caresser aussi volontiers que l'éléphant », comme disait notre grand poète Maldoror, et qui abandonne elle-même de bon cœur le nécessiteux pour se fourrer dans les manchons ou les pelisses d'un inestimable prix.

Tout cela me plonge dans une affliction très amère, et j'applaudis avec du délire à la haute idée d'une immolation générale des indigents.

Toutefois, en attendant la bonne nouvelle des massacres, me sera-t-il permis de demander à ceux d'entre vous qui ne se sont jamais grattés, s'il leur fut donné d'observer, sans télescope, l'inégale répartition de la certitude philosophique en ce qui touche quelques axiomes prétendus ?

Pour parler d'une autre manière, où trouver un homme, non encore vérifié et catalogué comme idiot de naissance ou comme gâteux, qui osera dire qu'il n'a pas l'ombre d'un doute sur sa propre *identité* ? Car tel est le point.

Très ingénument, je déclare que, songeant parfois au récit de l'Evangile et à l'étonnante multitude de pourceaux qui fut nécessaire pour loger convenablement les impurs démons sortis d'un seul homme, il m'arrive de regarder autour de moi avec épouvante...

— Pardon, monsieur, dit un paléographe, il me semble que vous allez un peu loin.

— Je suis donc dans mon chemin, répliqua l'imperturbable en s'inclinant, car c'est justement très loin que je veux aller.

*
* *

— Voyons, reprit-il avec bonhomie, je veux bien condescendre à être tout à fait clair. Quel est, dans notre littérature la plus accréditée, je veux dire le roman-feuilleton ou le théâtre, quel est, dis-je, le truc suprême, irrésistible, indéfectible, primordial et fondamental ?

Quel est, si j'ose m'exprimer ainsi, la ficelle qui casse tout, l'arcane certain, le *Sésame* de Polichinelle qui ouvre les cavernes de l'émotion pathétique et qui fait infailliblement et divinement palpiter les foules ?

Mon Dieu! c'est très bête, ce que je vais vous dire. Ce fameux secret, c'est, tout bonnement, l'*incertitude sur l'identité des personnes.*

Il y a toujours quelqu'un qui n'est pas ou qui pourrait ne pas être l'individu qu'on suppose. Il est nécessaire qu'il y ait toujours un fils dont on ne se doutait pas, une mère que personne n'aurait prévue ou un oncle plus ou moins sublime qui a besoin d'être débrouillé du chaos.

Tout le monde finit par se reconnaître et voilà la source des pleurs. Depuis Sophocle, ça n'a pas changé.

Ne pensez-vous pas, comme moi, que cette imperdable puissance d'une idée banale tient à quelque symbole, quelque *pressentiment* très profond, cherché, depuis trois mille ans, par les tâtonnants inventeurs de fables, comme Œdiple aveugle et désespéré cherche la main de son Antigone?...

Nous parlions des pauvres, n'est-ce pas ? Nous y voilà donc. Cette mécanique émotionnelle est inconcevable sans le Pauvre, sans l'intervention et la perpétuelle présence du pauvre dont je sollicite, par conséquent, le maintien au théâtre et dans les romans.

Le riche, au contraire, ne peut prétendre à aucune sorte de « boisseau ». Il est impossible à cacher, puisqu'il est partout chez lui. Il crève l'œil, il sue son identité par tous ses pores, du moins en littérature. L'univers le dévisage et Dieu même est tellement embarrassé pour lui fabriquer un rôle dans ses *Mystères* qu'il a dû lui abandonner les pratiques vieillottes et négligeables de la bienfaisance.

Si donc il est nécessaire et même tout à fait urgent de massacrer, j'ose ouvrir le propos d'une sélection préambulatoire, d'une concluante et irréfragable vérification des individus.

— L'anthropométrie des âmes, alors, précisa le psychologue qui s'embêtait ferme.

— Ce chien de mot ou tout autre qui vous conviendra, j'y consens. Mais, de toutes manières, il faudrait le crible de Dieu, car je veux bien que le Diable m'emporte si quelqu'un, ici ou ailleurs, a le pouvoir de se délivrer à lui-même un passeport quelque peu valable.

Nul ne sait son propre *nom*, nul ne connaît sa propre face, parce que nul ne sait de quel personnage mystérieux — et peut être mangé des vers, — il tient *essentiellement* la place.

*
* *

— Vous vous fichez de nous, Apémantus, intervint alors madame du Fondement. Vous nous aviez promis une histoire.

— Vous y tenez donc. Soit.

« Un homme riche avait deux fils. Le plus jeune dit à son père :

» — Mon père, donne-moi la part de bien qui doit me revenir.

» Et le père leur partagea son bien.

» Peu de jours après, le plus jeune fils ayant rassemblé tout ce qu'il avait, partit pour une région lointaine, et là, dissipa tout son bien en vivant luxurieusement... »

— Ah ! ça, s'écria impétueusement la petite baronne du Carcan d'Amour, par qui la mode fut inventée de se décolleter un peu au-dessous du nombril, mais c'est la parabole de l'Enfant prodigue qu'il nous débite, ce monsieur. Il va nous apprendre que son héros fut réduit à garder les porcs, en mourant de faim et qu'un beau jour, las du métier, il revint à la maison de son père, qui se sentit tout ému, le voyant arriver de loin.

— Hélas ! non, madame, répondit Apémantus d'une voix très grave, *ce furent les cochons qui arrivèrent...*

La conversation en était là, lorsque Quelqu'un qui ne sentait pas bon fit son entrée dans l'appartement.

L'APPEL DU GOUFFRE

XXVI

L'APPEL DU GOUFFRE

(*Extrait de* « la Femme Pauvre »)

―――

à André Roullet

> Ne prostituas filiam tuam, ne contaminetur terra, et impleatur piaculo.
> *Levitic.* xix, 29.

L'habitacle était sinistre.

C'était la noire misère parisienne attifée de son mensonge, l'odieux bric-à-brac d'une ancienne aisance d'ouvriers bourgeois lentement démeublés par la noce et les fringales.

D'abord, un grand lit napoléonien qui avait pu être beau en 1810, mais dont les cuivres dédorés depuis les Cent-Jours, le vernis absent, les roulettes percluses, les pieds eux-mêmes lamentablement rapiécés et les éraflures sans nombre attestaient la décrépitude.

Cette couche sans délices, à peine garnie d'un matelas équivoque et d'une paire de draps sales inhabilement dissimulés sous une courte-pointe gélatineuse, avait dû crever sous elle trois générations de déménageurs.

Dans l'ombre de ce monument, qui remplissait le tiers de la mansarde, s'apercevait un autre matelas moucheté par les punaises et noir de crasse, étalé simplement sur le carreau.

De l'autre côté, un vieux voltaire, qu'on pouvait croire échappé au sac d'une ville, laissait émigrer ses entrailles de varech et de fil de fer, malgré l'hypocrisie presque aimable d'une loque de tapisserie d'enfant.

Auprès de ce meuble, que tous les fripiers avaient refusé d'acquérir, apparaissait, surmontée de son pot à eau et de sa cuvette, une de ces tables minuscules de crapuleux garnos qui font penser au Jugement dernier.

Enfin, au-devant de l'unique fenêtre, une autre table ronde en noyer, sans luxe ni équilibre, que le frottement le plus assidu n'aurait pas fait resplendir, et trois chaises de paille, dont deux presque entièrement défoncées.

Le linge, s'il en restait, devait se fourrer dans une

vieille malle poilue et cadenassée sur laquelle s'asseyaient parfois les visiteurs.

Tel était le mobilier, assez semblable à beaucoup d'autres, dans cette joyeuse capitale de la bamboche et du désarroi.

Mais ce qu'il y avait de particulier et d'atroce, c'était la prétention de dignité fière et de *distinction* que l'habitante du lieu, madame Demandon, avait répandue, comme une pommade, sur la moisissure de cet effroyable taudis.

La cheminée sans feu ni cendres eût pu être mélancolique, malgré sa hideur, sans le grotesque encombrement de *souvenirs* et de bibelots infâmes qui la surchargeaient.

On y remarquait de petits globes cylindriques protégeant de petits bouquets de fleurs desséchées; un autre petit globe sphérique monté sur une rocaille en béton conchylifère, où le spectateur voyait flotter un paysage de la Suisse allemande; un assortiment de ces coquillages univalves dans lesquels une oreille poétique peut aisément percevoir le murmure lointain des flots; et deux de ces tendres bergers de Florian, mâle et femelle, en porcelaine coloriée, cuits pour la multitude, on ne sait dans quelles manufactures d'ignominie.

A côté de ces œuvres d'art se nichaient des images de dévotion, des colombes qui buvaient dans des calices d'or, des anges portant à brassées le « froment des élus », des premiers communiants très frisés tenant des cierges dans du papier à dentelle, puis deux ou trois questions du jour : « où est le chat ? » « où est le garde-champêtre ? » inexplicablement encadrées.

Enfin des photographies d'ouvriers, de militaires ou de négociants. Le nombre était incroyable de ces effigies qui montaient en pyramide jusqu'au plafond.

Çà et là, le long des murs, dans les intervalles des guenilles, quelques effrayantes chromolithographies, achetées aux foires ou délivrées par les magasins de confection, étaient appendues. La sentimentale Demandon raffolait de ces horreurs.

Cette gueuse minaudière était une des plus décourageantes incarnations de l'idiote vanité des femmes, et la carie de cet « os surnuméraire », suivant l'expression de Bossuet, aurait fait reculer la peste.

***

Le matelas gisant par terre était la couche de sa fille, affublée par elle du nom ridicule de Cymodocée.

La pauvre enfant dormait là depuis deux ans que sévissait la noire misère. Elle y dormait en punition de sa résistance à la volonté de la vieille, qui lui avait manigancé vainement des affaires d'or avec des messieurs très bien.

Cymodocée Demandon appartenait à la catégorie de ces êtres touchants et tristes dont la vue ranime la constance des suppliciés.

Elle était plutôt jolie que belle, mais sa haute taille, légèrement voûtée aux épaules par le poids des mauvais jours, lui donnait un assez grand air. C'était la seule chose qu'elle tînt de sa mère, dont elle était le repoussoir angélique et qui contrastait avec elle en disparates infinies.

Ses magnifiques cheveux, du noir le plus éclatant ; ses vastes yeux de gitane captive, « d'où semblaient couler des ténèbres », mais où flottait l'escadre vaincue des Résignations ; la pâleur douloureuse de son visage enfantin dont les lignes, modifiées par de très savantes angoisses, étaient devenues presque sévères ; enfin la souplesse voluptueuse de ses attitudes et de sa démarche lui avaient valu la réputation de posséder ce que les bourgeois de Paris appellent entre eux une *tournure espagnole*.

Pauvre Espagnole, singulièrement timide ! A cause de son sourire, on ne pouvait la regarder sans avoir envie de pleurer. Toutes les nostalgies de la tendresse — comme des oiselles désolées que le bûcheron décourage — voltigeaient autour de ses lèvres sans malice qu'on aurait pu croire vermillonnées au pinceau, tellement le sang de son cœur s'y précipitait pour le baiser.

Ce navrant et divin sourire qui demandait grâce

et qui bonnement voulait plaire, ne pouvait être oublié, quand on l'avait obtenu par la plus banale prévenance.

Elle avait à peine vingt ans. Vingt ans déjà de misère, de piétinement, de désespoir ! Les roses meurtries de son adolescence de galère avaient été cruellement effeuillées par les ouragans, dans la vasque noire du mélancolique jardin de ses rêves. Mais, quand même, tout un orient de jeunesse était encore déployé sur elle, comme la transsudation lumineuse de son âme, que rien n'avait pu vieillir.

On sentait si bien qu'un peu de bonheur l'aurait rendue ravissante et qu'à défaut de joie terrestre, l'humble créature aurait pu s'embraser peut-être, ainsi que la torche amoureuse de l'Évangile, en voyant passer le Christ aux pieds nus !

Mais le Sauveur, cloué depuis tant de siècles, ne descend guère de sa croix tout exprès pour les pauvres filles, et l'expérience personnelle de la triste Cymodocée était peu capable de la fortifier dans l'espoir des consolations.

*
* *

Elle ne dormit guère, cette nuit-là. Ses pensées la faisaient trop souffrir. Elle avait froid, aussi, et grelottait sous la ficelle de ses haillons, car l'hiver commençait déjà.

Elle songeait, en regardant les ténèbres, que c'était pourtant bien cruel de n'avoir même pas le droit de pleurer dans un misérable coin. En supposant que l'horreur de salir ses larmes ne l'eût pas empêchée de les répandre quelquefois sur le fumier de cette étable à cochons, une effusion si mélancolique eût été blâmée à l'instant par madame Demandou, comme une preuve d'égoïsme et de lâcheté criminelle.

Cette vieille chenille du Purgatoire avait toujours interdit rigoureusement les plaintes, disant qu'une enfant doit être la récompense et la « couronne » d'une mère. Elle avait même là-dessus d'humides phrases empruntées à la rhétorique jaculatoire des images de dévotion, qu'elle idolâtrait.

Le cœur de la malheureuse fillette, comprimé dans un étau implacable, avait donc résorbé silencieusement ses peines, sans jamais avoir pu se barricader ni s'endurcir.

Quoi qu'on pût lui faire, elle agonisait de la soif d'amour, et, n'ayant personne à chérir, elle entrait, parfois, au milieu du jour, dans les églises, pour y sangloter à son aise au fond de quelque chapelle tout à fait obscure.

Ces heures d'attendrissement avaient été les meilleures de sa vie, et le simulacre de passion qui lui était venu plus tard ne les avait certes pas values.

Au moins, elles ne lui avaient pas laissé d'amertume, ces heures bénies où les sources de son cœur invoquaient silencieusement les sources du ciel.

Elle se souvenait d'avoir senti la Douceur même, et quand elle fondait en pleurs, c'était comme une impression très lointaine, infiniment mystérieuse, un pressentiment *anonyme* d'avoir étanché des soifs inconnues...

Un certain jour, ah ! ce souvenir ne s'effacerait jamais, un Personnage lui avait parlé, un prêtre à longue barbe blanche de patriarche, portant la croix pectorale et l'améthyste, et qui paraissait venir de ces solitudes situées aux confins du monde où se promènent, sous des cieux terribles, les lions évangéliques de l'Episcopat.

Voyant pleurer une si jeune fille, il s'était approché, la considérant avec bonté. Il l'avait bénie d'une très lente bénédiction, en remuant doucement les lèvres, et lui posant ensuite la main sur la tête, à la façon d'un dominateur des âmes :

— Mon enfant, avait-il dit, pourquoi pleurez-vous ?

Elle l'entendait encore, cette voix calme et pénétrante, qui lui avait paru la voix d'un être surhumain Mais qu'aurait-elle pu répondre en un tel moment, sinon qu'elle se mourait du désir de vivre ?

Elle le regarda seulement de ses grands yeux de chevrette perdue, où se lisait si bien sa peine.

C'est alors que l'étranger ajouta ces paroles étonnantes, qu'elle ne devait jamais oublier :

— On a dû quelquefois vous parler d'Ève, qui est la Mère du genre humain. C'est une grande sainte aux yeux de l'Église, quoiqu'on ne l'honore guère, dans cet Occident où son nom est souvent mêlé à des réflexions profanes. Mais on l'invoque toujours dans nos chrétientés du vieil Orient, où les traditions antiques se sont conservées. Son nom signifie : la *Mère des Vivants*... Dieu, qui fait toutes nos pensées, a voulu, sans doute, que je me souvinsse d'elle en vous voyant. Adressez-vous donc à cette mère qui vous est plus proche que celle qui vous engendra. Elle seule, croyez-moi, peut vous secourir, puisque vous ne ressemblez à personne, pauvre enfant, qui avez soif de la Vie... Adieu, ma douce fille, je repars dans quelques instants pour des contrées éloignées d'où je ne reviendrai probablement jamais, à cause de mon très grand âge... Quand vous serez dans la peine, souvenez-vous du vieux missionnaire qui priera pour vous au fond des déserts.

Et il était parti, en effet, après avoir laissé une pièce de vingt francs sur l'accoudoir du prie-Dieu, où elle demeura clouée par l'étonnement et le respect le plus indicibles.

Incapable de se renseigner sur le champ, elle ne sut rien de ce vieillard, qu'elle crut envoyé tout exprès par le Père des enfants qui souffrent. Il fut pour elle simplement « le Missionnaire »...

Tout le passé remontait ainsi dans sa mémoire

pendant cette insomnie douloureuse ! Elle avait à peine seize ans, à cette époque, et depuis, qu'était-elle devenue, grand Dieu ?

Elle n'arrivait pas à comprendre cette chute affreuse. Car les faits sont inexorables. Ils ne connaissent point la pitié, et l'oubli même, si on pouvait l'obtenir, est sans pouvoir pour anéantir leur témoignage accablant...

— Toute la puissance des cieux ne pourrait faire que je n'aie pas appartenu volontairement à cet homme et que je ne sois pas souillée de lui jusque dans la mort. O mon Dieu ! mon Dieu !

*
* *

Gémissante, elle s'était dressée dans les ténèbres. Elle devenait folle d'angoisse quand cette idée reparaissait avec précision.

Son aventure avait été d'une banalité désespérante. Elle avait succombé, comme cent mille autres, à l'inamovible trébuchet de la séduction la plus vulgaire. Elle s'était perdue simplement, bêtement, avec un Faublas de ministère qui ne lui avait rien promis ni rien donné, pas même le plaisir d'une heure, et dont elle n'avait elle-même rien espéré ni rien attendu.

La vérité crucifiante, c'est qu'elle s'était livrée à un bellâtre quelconque, parce qu'il s'était trouvé sur son chemin, parce qu'il pleuvait, parce qu'elle avait le cœur et les nerfs malades, parce qu'elle était lasse à mourir de l'uniformité de ses tourments, et probablement aussi par curiosité. Elle ne savait plus. C'était devenu pour elle tout à fait incompréhensible.

Et quelle odieuse platitude en cette intrigue de stations d'omnibus et de restaurants à prix fixe! Sa meilleure excuse, peut-être, avait été — comme toujours, hélas! — l'illusion facilement procurée à une fille si malheureuse par un homme bien vêtu et dont la politesse paraissait exquise.

La liaison avait duré quelque temps, et par noblesse de cœur, par fierté, pour ne pas être une *prostituée*, bien qu'il la secourût à peine, elle s'était efforcée consciencieusement d'aimer ce garçon dont elle sentait si bien l'égoïsme et la prétentieuse médiocrité.

Mais maintenant, c'était bien fini. Il ne lui restait plus qu'un intolérable dégoût pour le misérable amant dont elle aurait accepté l'âme étroite, mais dont l'étonnante lâcheté l'avait saturée de tous les crapauds du mépris et de l'aversion.

Trahie, abandonnée, outragée et goujatement lapidée d'ordures par celui-là même à qui elle avait sacrifié son unique fleur, quel châtiment rigoureux pour la folie d'un seul jour!

Maintenant donc, que devenir? Est-ce que vraiment elle ne pourrait pas échapper à la chose odieuse dont avait parlé sa mère?

La loi des malheureux est par trop dure, en vérité. C'est donc tout à fait impossible qu'une fille pauvre échappe, de manière ou d'autre, à la prostitution?

Que dirait le missionnaire? Que dirait-il, ce beau vieillard qui avait si bien vu qu'elle agonisait de la soif de vivre ?... Le souvenir de cet inconnu, vivant ou mort, la fit pleurer silencieusement dans l'ombre.

Elle ne se jugeait pas meilleure que les plus perdues. Sa faute ayant été sans ivresse, rien n'était capable d'en atténuer l'amertume et l'humiliation. Cette récurrence perpétuelle l'hypnotisait, l'immobilisait, la faisait paraître stupide quelquefois, avec ses paniques yeux de Cassandre du repentir, fixement ouverts...

Elle avait donné irrévocablement, pour toute la durée des éternités, son seul bien, le plus précieux trésor qu'une femme puisse posséder, — cette femme s'appelât-elle l'Impératrice de la Voie lactée. Elle avait donné cela à qui, et pourquoi ?...

A présent, les Trois Personnes pourraient faire ce qu'elles voudraient, raturer la création, congédier le temps et l'espace, repétrir le néant, amalgamer tous les infinis, tout cela ne changerait absolument rien à ceci : qu'à une certaine minute elle était vierge et qu'à la minute suivante elle ne l'était plus. Impossible de décommander la métamorphose.

— Que puis-je donc offrir? murmurait-elle. En quoi suis-je préférable à la première venue que les hommes roulent du pied dans leurs ordures? Quand j'étais sage, il me semblait que je gardais des agneaux très blancs sur une montagne pleine de parfums et de rossignols. J'avais beau être malheureuse, je sentais qu'il y avait en moi une fontaine de courage pour défendre cette chose précieuse dont j'étais la dépositaire et que le Seigneur ne trouvera plus.... Aujourd'hui, ma source est tarie, ma belle eau limpide est devenue de la boue, et les plus affreuses bêtes y pullulent... Moi qui aurais pu devenir une sainte aussi claire que le jour, et prier avec les anges sur le bord du tapis des cieux, je n'ai même plus le droit d'être aimée d'un honnête homme qui serait assez charitable pour vouloir de moi!...

*
* *

A cet instant, les pensées de la jeune fille se figèrent comme le sang des morts. Sa mère, complètement saoule, rentrait à tâtons, bousculant tout, rotant le blasphème et l'ordure, et finalement se vautrait en grognant comme une truie dangereuse.

— Allons ! se dit la jeune fille, j'irai *jusque-là*, puisqu'il est impossible de faire autrement. Une honte de plus ou de moins, qu'importe? Je ne pourrai jamais me mépriser plus que maintenant. Ne pense donc plus à rien et tâche de dormir, pauvre petite chienne perdue que ne réclamera personne.

Ta destinée, vois-tu, c'est de souffrir. C'est à peu près cela qu'il m'a dit, le missionnaire, — mon bon vieux missionnaire qui aurait bien dû m'emporter avec lui dans ses déserts et qui pleure, peut-être, en me regardant du fond de sa tombe!

LE CABINET DE LECTURE

XXVII

LE CABINET DE LECTURE

à Pol Demade,
catholique belge.

La littérature est indispensable.

— Mais, tonnerre de Dieu! quand on vous dit qu'il y a quelqu'un.

Orthodoxie Panard, qui s'acharnait sur la serrure, depuis un instant, prit la fuite en entendant la voix redoutée de son oncle paternel.

Ce cabinet de lecture était si cocassement aménagé qu'un seul individu pouvait en jouir à tour de rôle, et il y avait dix personnes dans la maison.

Il y avait le père Panard et la mère Panard; les

quatre héritiers Panard : Athanase, Héliodore, Démétrius et Orthodoxie ; puis l'oncle Justinien, la tante Plectrude et la tante Roxelane. Enfin, la vieille bonne Palmyre. Cela faisait dix, bien comptés. C'était absurde.

Et remarquez que tout ce monde-là, sans excepter Palmyre elle-même, avait ou pouvait avoir des besoins intellectuels de la nature la plus impérieuse.

A quelque heure que ce fût, on était toujours sûr de trouver quelqu'un. Parfois on se bousculait à la porte.

Il y avait de quoi dégoûter de la famille.

Impossible de faire entendre raison à ce grigou de Panard, un ancien professeur de grec, membre de l'Institut, s'il vous plaît, qui ne se lavait jamais les mains, par mesure d'économie, et qui déclamait les imprécations d'Hécube, dans le texte même d'Euripide, quand on lui parlait de construire un second local.

L'argent ne lui manquait pourtant pas, depuis le fameux héritage qui avait fait de ce traducteur de Philostrate un propriétaire important.

Mais la littérature contemporaine dont s'alimentaient surtout les Panard sortis de son flanc, étant dénuée pour lui d'intérêt, il prétendait qu'on se contentât des lieux actuels et feignait de ne pas entendre les optatives insinuations de ses hoirs.

Le plus intolérable des compétiteurs, c'était l'oncle Justinien, un colonel de gendarmerie en retraite qui n'en finissait jamais.

Quand l'animal avait réussi, une bonne fois, à s'introduire, les supplications et les pleurs étaient inutiles. Il fallait attendre une heure qu'il eût fini de paperasser.

Si, du moins, cette basane, ce gâteux fétide qui n'aboutissait pas, ce pourvoyeur démantibulé de la guillotine, avait eu des motifs élevés pour prolonger ainsi les vacations, pour s'attarder indéfiniment dans le cabinet précieux, trois ou quatre fois par jour !

Mais non. Ce vétéran de malheur, que le ciel s'obstinait à ne pas confondre, avait toujours été incapable de lire autre chose que des signalements de malfaiteurs ou des ordres d'arrestation.

— Que pouvez-vous faire là-dedans ? bonté divine ! criait tante Plectrude, en levant ses deux bras arides vers les étoiles, car il se levait souvent au milieu des nuits.

— Je fais ma correspondance, répondait-il avec la finesse d'un gendarme qu'on ne prenait pas sans vert.

*
* *

De tout cela, plus que personne, Orthodoxie était malheureuse. C'était une jeune fille d'une grâce peu commune, qui avait des relations littéraires et prenait des leçons de bicyclette.

Son frère Athanase, qui, déjà, se lançait dans le symbolisme, lui avait fait connaître le chef d'école Romano-Spada, que ses racines grecques firent exceptionnellement agréer du vieux Panard, et l'avisé Romano profita bientôt de cet accueil pour faufiler son inséparable ami, le grand Papadiamantopoulos.

Un jour même, les défiances bien légitimes du professeur furent assez vaincues pour qu'on pût inviter le non-pareil, le suréminent Péritoine, qui daigna venir sans façon, à la bonne franquette, avec son auréole de travail.

Enfin, la table s'élargissant, plusieurs Klephtes, à leur tour, avaient reçu l'hospitalité pour l'amour du Pinde.

Il est vrai qu'un tel surcroît de convives rendait plus inaccessible encore le petit endroit, autant que jamais, d'ailleurs, occupé malicieusement par Justinien, qui n'en sortait que pour faire à table d'irrémissibles incongruités.

Cette circonstance mettait une ombre au tableau, et, je le répète, Orthodoxie en souffrait jusque dans ses recoins les plus délicats.

Vierge aimable qui ne demandait qu'à s'ouvrir! Fleur charmante qu'un souffle eût épanouie! Combien ne lui eût-il pas été facile, sans l'avaricieuse chienneric de son père, de se pousser dans le joyeux monde, où l'eussent efficacement patronnée de si dignes maîtres !

Par malheur, il aurait fallu rompre audacieusement avec un vieillard plein de préjugés, que cette affluence d'apôtres inquiétait déjà et qui parlait de congédier l'Attique et le Péloponèse.

Avec angoisse elle voyait venir le moment où elle serait à peu près réduite, comme auparavant, à se cultiver elle-même...

Ah ! si Panard avait consenti seulement à lui laisser lire les brillantes productions des psychologues ou des mages ! Mais il n'y avait pas moyen d'y songer. Toutes les œuvres nouvelles que les auteurs ou les éditeurs envoyaient avec dédicaces au membre sévère de l'Institut étaient expédiées *illico* dans ce dérisoire cabinet où il était impossible de se recueillir un quart d'heure.

Et, il n'y avait pas à dire, c'était l'unique ressource. On ne pouvait s'instruire que là. Quant à emporter les brochures avec soi, il fallait en bannir l'espoir. La rage du vieux pion, qui fouillait partout, eût éclaté d'une manière terrible si quelqu'un s'était avisé de détourner un seul tome de cette bibliothèque privée dont il avait le catalogue dans son implacable mémoire. Il fallait absolument les utiliser sur place.

Or Justinien en faisait un scandaleux abus. Quand il avait compulsé des études de mœurs ou des recueils de poésies, les feuilles étaient dans un tel état qu'on devait, en gémissant, renoncer à les parcourir après lui. Les dédicaces même y passaient.

La sentimentale Orthodoxie en perdait la tête, ne parvenant pas à retrouver le fil des histoires, se voyant tout à coup privée d'un chapitre décisif qui l'eût éclairée, sans doute; forcée, malgré son inexpérience, de bâtir elle-même des épisodes improbables, de conjecturer d'impossibles dénouements.

*
* *

La nécessité, dit-on, rend ingénieux. Cette histoire véridique va nous en fournir la preuve.

Il arriva qu'un certain jour un robuste commissionnaire apporta les œuvres complètes du célèbre romancier russe Borborygme, qu'on venait enfin de traduire.

Depuis longtemps, la jeune fille rêvait de lire les pages émollientes et philharmoniques de ce Moscovite relâché. Mais il était trop facile de prévoir que cette masse précieuse n'échapperait pas à la destinée commune des papiers lyriques ou documentaires dont le cabinet de lecture s'emplissait continuellement.

Pour conjurer cette catastrophe, il n'y avait pas une minute à perdre. Orthodoxie alla donc trouver sur-le-champ la tante Roxelane, qui se piquait aussi de littérature et qui était certainement, après elle, la personne la plus euphonique de la famille.

Non moins ladresse, d'ailleurs, que Panard, celui-ci la considérait attentivement pour les capitaux aimables qu'elle possédait et qu'elle manipulait avec prudence. Elle seule échappait à l'inquisition du maniaque et son seuil était respecté.

En quelques instants fut ourdie la conspiration. Les deux femmes arrêtèrent que le grand homme échapperait aux mains profanantes du colonel de gendarmerie, et Palmyre, corrompue par d'illusoires promesses, traîna le colis dans la chambre de Roxelane.

Il y eut alors quelques beaux jours, la tante et la nièce lisant et pleurant ensemble...

Malheureusement, la vibrante Orthodoxie ne put assez contenir son enthousiasme. A son insu, des idées et des métaphores slaves lui échappèrent, et la défiance de Panard, un beau matin, s'éveilla.

Le mot *rouble* ayant été prononcé par l'imprudente, qui croyait parler d'or, il se leva de table comme un homme frappé d'une lueur subite et se précipita dans le cabinet, au moment même où l'éternel Justinien venait d'en sortir.

On l'entendit longtemps fourrager avec énergie dans les archives, nul n'osant bouger, tellement l'orage était proche.

Il reparut à la fin, pâle et rouge, assez semblable à

quelque tison mal éteint sur lequel soufflerait la bise.

— Où sont mes Borborygmes? hurla-t-il.

Tante Plectrude, informée du micmac, essaya de détourner le cyclone sur Justinien. Mais celui-ci ayant juré, par sa croix et par ses bottes, qu'on le soupçonnait injustement, la véracité de ce gendarme ne put être mise en doute.

Orthodoxie, à son tour, comblée d'effroi, chargea si obstinément ses frères Athanase, Héliodore et Démétrius, qui ne savaient même pas de quoi il retournait, que le discernant patriarche démêla sans peine leur innocence.

Le cas était grave, et le châtiment fut proportionné au délit. Il fallut restituer les précieux bouquins, qui prirent incontinent la même route que leurs devanciers, et ce fut l'oncle trois fois odieux qui en profita presque seul, cette littérature agissant sur lui avec tant de force qu'il n'émergeait plus de son antre qu'aux heures des repas.

Orthodoxie, dont la douleur fut déchirante, parvint cependant à se consoler. Elle a même fini par comprendre que tel est le jugement dernier de tous les papiers humains, que les lectures se font généralement ainsi dans les familles où la raison prédomine, et que de tangibles félicités sont plus estimables que les décevantes élucubrations de quelques rêveurs...

Mais, que dis-je ? n'avait-elle pas surtout découvert, en cette occasion, la profonde vérité de l'axiome formulé par une de nos poétesses, et qui fut désormais pour elle un principe de lumière :

Avant de parler, il faut tourner sept fois sa langue dans la bouche... de son voisin.

ON N'EST PAS PARFAIT

XXVIII

ON N'EST PAS PARFAIT

à Camille Lemonnier

Esculape Nuptial, s'étant assuré que le vieillard avait reçu un nombre suffisant de coups de couteau et qu'il avait certainement exhalé ce qu'on est convenu d'appeler le dernier soupir, songea tout d'abord à se procurer quelque divertissement.

Cet homme judicieux estima que la corde ne saurait être toujours tendue, qu'il est sage de respirer quelquefois et que toute peine vaut son salaire.

Il avait eu la chance de mettre la main sur la forte somme. Heureux de vivre et la conscience délicatement parfumée, il allait çà et là, sous les marronniers ou les platanes, respirant avec délices l'odorante haleine du soir.

C'était le printemps, non l'équivoque et rhumatismal printemps de l'équinoxe, mais le capiteux renouveau du commencement de juin, lorsque les Gémeaux enlacés reculent devant l'Écrevisse.

Esculape, inondé d'impressions suaves et les yeux mouillés de pleurs, se sentit apôtre.

Il désira le bonheur du genre humain, la fraternité des bêtes féroces, la tutelle des opprimés, la consolation de ceux qui souffrent.

Son cœur plein de pardons s'inclina vers les indigents. Il répandit dans des mains tendues l'abondante monnaie de cuivre dont ses poches étaient encombrées.

Il entra même dans une église et prit part à la prière en commun que récitait un troupeau fidèle.

Il adora Dieu, lui disant qu'il aimait son prochain comme lui-même. Il rendit grâces pour les biens qu'il avait reçus, se reconnaissant tiré du néant.

Il demanda que fussent dissipées les ténèbres qui lui cachaient la laideur et la malice du péché, fit un scrupuleux examen de conscience, découvrit en lui des imperfections tenaces, de persistantes broutilles : mouvements de vanité, impatiences, distractions, omissions, jugements téméraires et peu charitables, etc., mais surtout la paresse et la négligence dans l'accomplissement des *devoirs de son état.*

Il termina par un bon propos d'être moins fragile désormais, implora le secours du ciel pour les agonisants et les voyageurs, demanda, comme il convient, d'être protégé pendant la nuit, et, pénétré de ces sentiments, courut au plus prochain lupanar.

*
* *

Car il tenait pour les joies honnêtes. Ce n'était pas un de ces hommes qui se laissent aller facilement aux dissipations frivoles.

Il penchait plutôt du côté de la rigueur et ne se défendait qu'à peine d'une gravité ridicule.

Il tuait pour vivre, parce qu'il n'y a pas de sot métier. Il aurait pu, comme tant d'autres, s'enorgueillir des dangers d'une si chatouilleuse profession. Mais il préférait le silence. Pareilles au convolvulus, les fleurs de son âme ne s'épanouissaient que dans la pénombre.

Il tuait à domicile, poliment, discrètement et le plus proprement du monde. C'était, on peut le dire, de la besogne joliment exécutée.

Il ne promettait pas ce qu'il était incapable de tenir. Il ne promettait même rien du tout. Mais ses clients ne se plaignirent jamais.

Quant aux langues venimeuses, il n'en avait cure.

Bien faire et laisser dire, telle était sa devise. Le suffrage de sa conscience lui suffisait.

Homme d'intérieur, avant tout, on ne le voyait que très rarement dans les cafés, et les malveillants eux-mêmes étaient forcés de lui rendre cette justice qu'en dehors du bordel, il ne voyait à peu près personne.

Dans cette demeure hospitalière, il avait fixé sa dilection sur une jeune fille légèrement vêtue qui faisait prospérer l'établissement et que sa précocité de virtuose désignait à l'enthousiasme.

A peine au sortir de l'enfance, de nombreux salons l'avaient admirée déjà.

L'heureux Esculape avait eu l'art de s'en faire aimer, et le temps paraissait « suspendre son vol », quand ces deux êtres étaient penchés, l'un vers l'autre, sur le lac mystique.

La ravissante Loulou ne voulait plus rien savoir aussitôt qu'apparaissait son petit Cucu, et, souvent, celui-ci fut contraint de la ramener au sentiment professionnel de son art, quand les vieux messieurs s'impatientaient.

Elle lui donnait, en retour, des indications précieuses...

Enfin, ils plaçaient avec discernement d'assez jolies sommes. Loulou n'usait presque rien, l'air et la lumière suffisant à peu près à sa toilette quotidienne, qui était toujours très simple et d'un goût parfait.

Déjà même, ils entrevoyaient la récompense, l'heureux avenir qui les attendait à la campagne, dans quelque chaumière enfouie sous les lilas et les roses, qu'ils achèteraient un jour, et la vieillesse paisible, dont la Providence rémunère ceux qui ont bravement combattu.

Oui, sans doute, mais, hélas! qui pourra dire combien sont vaines les pensées des hommes?

*
* *

Ce qui va suivre est excessivement douloureux.

Cette nuit-là, Esculape ne parut pas. La maison en souffrit plus qu'on ne peut dire,

La pauvre Loulou, d'abord fébrile, puis agitée, et enfin hagarde, cessa de plaire.

Un notaire belge, qui avait apporté les fonds de ses clients, reçut une retentissante paire de claques, dont les passants s'étonnèrent.

Le scandale fut énorme et le décri parut imminent. Mais elle ne voulait « entendre à rien ni à personne ». Son inquiétude montant au délire, elle poussa le mépris des lois jusqu'à ouvrir une fenêtre demeurée close, depuis le dernier 14 juillet, et appela son Cucu, d'une voix terrible, dans le grand silence nocturne.

Quelques pasteurs protestants prirent le large, non sans avoir exprimé leur indignation, et, dès le lendemain, les journaux graves pronostiquèrent tristement la fin du monde.

Dois-je le déclarer ? Esculape faisait la noce, Esculape avait rencontré un serpent.

Comme il rentrait sagement au bercail d'amour, il fut accosté par un camarade d'enfance qu'il n'avait pas vu depuis dix ans et qui parvint à le débaucher, pour la première fois de sa vie.

J'ignore les sophismes que déploya cet ami funeste pour le détourner de l'étroite voie qui mène au ciel, mais ils se soûlèrent à ce point que, vers l'aurore, l'amant désorbité de la gémissante Loulou prit une voiture pour aller chercher un *Combat spirituel* qu'il se souvenait d'avoir oublié, la veille, chez son machabée, et qu'il jugeait tout à fait indispensable à son progrès intérieur.

Le fidèle compagnon de sa nuit le conduisit, comme par la main, jusque dans la chambre du mort, où le commissaire de police l'attendait obligeamment.

Et voilà comment une seule défaillance brisa deux carrières.

On n'est pas parfait.

SOYONS RAISONNABLES!...

XXIX

SOYONS RAISONNABLES !...

à Edouard d'Arbourg

— Pourquoi ne mangez-vous pas, mon père ? demanda Suzanne, dont les yeux s'emplirent de larmes. Voilà deux jours que vous ne touchez à rien et que vous ne voulez voir personne. Vous n'êtes pas malade, cependant : vous auriez fait appeler le docteur. Vous avez donc quelque gros chagrin que vous ne voulez pas me dire ? Je ne suis plus une petite fille, vous le savez bien, et j'aurais tant de bonheur à vous consoler !

Le personnage à qui s'adressait ce discours n'était

pas moindre que le fameux Ambroise Chaumontel, qui occupa de ses affaires la moitié du globe, l'avocat incomparable dont l'éloquence eût embrouillé jusqu'aux filaments du chaos et pétrifié les ténèbres.

Le maître avait environ soixante ans et ne se l'envoyait pas dire. Il le déclarait lui-même à tout le monde, en toute occasion, car c'était sa douce manie d'aspirer à la dignité des patriarches.

Venimeusement quelques rivaux l'avaient accusé de teindre ses cheveux *en blanc*, afin d'être plus auguste en plaidant pour l'orphelin. Mais il maintenait son âme infiniment au-dessus de l'envie dont les impuissantes flèches venaient expirer à sa base.

La décourageante réputation qu'il s'était acquise en un quart de siècle de barre, sa grande fortune et le haut éclat d'un nom que plusieurs générations de braillards avaient illustré, mettaient entre lui et la multitude vile d'infranchissables étendues.

Enfin il jouissait d'une sorte de considération toute anglaise que rien ne semblait pouvoir entamer et passait, avec raison sans doute, pour une figure peu excitante, mais combien précieuse ! de l'intégrité professionnelle.

Il faut croire que, ce jour-là, d'étranges soucis l'obsédaient, car il ne répondit pas à sa fille et devint plus morose encore, fixant de ses deux gros yeux habitués aux dignes regards, un objet quelconque dont l'image se peignait en vain dans sa rétine.

Il chérissait à sa manière cette enfant aimable devenue miraculeusement une belle fille, dont la mère, enterrée depuis dix ans, avait été emportée, disait-on, par une attaque foudroyante de respect.

Les gens racontaient que son mari avait été pour la pauvre femme quelque chose comme le Sinaï et qu'elle avait fini par en mourir.

Suzanne, plus heureuse, avait réussi à se faire à peu près aimer. Par l'effet de mouvements intérieurs difficilement explicables, le sourcilleux et pinaculaire Chaumontel s'était incliné vers sa fille. Pour elle seule, il est vrai, le bois de son cœur s'était assoupli. Il poussait la condescendance jusqu'à souffrir ses caresses, jusqu'à lui permettre quelques locutions affectueuses, quelques propos familiers...

Néanmoins, ce jour-là, je le répète, rien ne pouvait mordre. Chaumontel était remonté sur sa colonne.

Suzanne, renonçant elle-même à déjeuner, vint passer l'un de ses bras autour du cou de son père et, d'une voix qui eût adouci des singes féroces, le supplia de parler.

— Tu ne peux comprendre cela, mon enfant, dit-il à la fin, tout à fait austère.

Et, se levant de table, comme un homme fatigué de porter le monde, il se retira lentement, sans ajouter un seul traître mot.

*
* *

Or, voici ce qui s'était passé.

Deux jours auparavant, Chaumontel avait rencontré Bardache.

Tous les vieux rôdeurs ont connnu Bardache, le long Agénor Bardache, qui fut si joli dans les dernières années du second Empire, quand il débuta.

A cette époque lointaine, on le surnommait, rue Marbeuf, la *Tranquillité des parents*. Le drôle eut de fiers succès, dont quelques gâteux se souviennent. Des personnages illustres l'entretinrent, et de fiers généraux, tannés par le ciel d'Afrique, lui offrirent des bouquets rares.

Après la Commune, qui l'avait orné, je crois, de quelques galons, il disparut, pour quelques années, dans les profondeurs du nadir.

Les trottoirs et les bois sacrés le revirent un jour, mais combien changé! Désormais barbu, jaune et sale, il ressemblait à un arbre aride qui aurait poussé de trop longues branches. La face anguleuse et plaquée de lividités singulières, en dépit des maquillages et des fards, faisait penser à ces effigies du Mal sans pardon que le Moyen Age a tant sculptées, sous les pieds des saints, dans les coins obscurs de ses basiliques.

Pour les imaginatifs, ce fantôme de boue devait

avoir les mains moites de la sueur des agonisants, et on l'appelait définitivement le *Cadavre*, dans l'étrange monde pseudonymique où il fréquentait.

Particularité fort sinistre, les jointures de ses os craquaient en marchant, comme il est raconté de Pierre le Cruel.

Ostensible, d'ailleurs, autant que le puisse être un abominable scélérat, il avouait une situation de journaliste d'affaires et cherchait un riche mariage.

* *

Chaumontel, content de lui-même et qui venait de serrer d'honorables mains sur le seuil de la Première Chambre, se préparait à monter dans sa voiture, quand il fut arrêté par cet écumeur de pourrissoir, qui lui touchait familièrement l'épaule.

— Eh! bien, petit *Verbe Déponent*, on ne reconnaît donc plus les amis? dit le Cadavre.

L'avocat, suffoqué, recula.

— Mais, monsieur, qui êtes-vous? Je ne vous connais pas.

— Tu ne me *reconnais* pas, mon chéri? J'ai donc bien changé? Entrons d'abord dans ton corbillard. Je vais te rafraîchir la mémoire.

— Baptiste! cria Chaumontel, allez me chercher un agent tout de suite!

— Ah! prends garde! petit *Déponent* de mon cœur,

si tu fais du pétard, je bouffe tout. Je raconterai au commissaire de police nos farces de jeunesse, la petite maison de Marly et la chambre des gros soupirs où on s'est tant amusé. Je pourrai même lui faire admirer ta photographie, que je porte toujours sur moi... tu sais bien, ta photographie « en fleur des champs qu'on va cueillir », que tu m'offris si gentiment, — l'ayant fait exécuter pour moi seul, — en l'apostillant d'une suggestive dédicace ?

A ces mots, le père de Suzanne, devenu très pâle, rappela précipitamment son cocher et, se voyant observé, poussa lui-même dans la voiture l'épouvantable compagnon que lui envoyait son destin. Sur un ordre bref, l'attelage partit au grand trot.

— Voyons, c'est de l'argent qu'il vous faut? commença-t-il.

— De l'argent ? répondit l'autre. Pour qui me prends-tu? J'ai l'honneur, monsieur Chaumontel, de vous demander la main de mademoiselle votre fille.

— La main de ma fille ! hurla le transfuge de Sodome, qui se sentit père, la main de ma fille ! Est-ce que vous allez mêler le nom de ma fille à vos ordures, maintenant?

— Allons, allons, cher ami, un peu de calme et *soyons raisonnables !* s'il vous plaît. Nous ne sommes plus des enfants, n'est-ce pas? ni même des jeunes gens. Le temps des belles folies est passé. J'ai perdu tous mes avantages, je me déplume de jour en jour, je m'embête à crever et je vis à peine. Je veux devenir honorable, comme vous-même, cher ami. Pour cela, il me faut de l'argent, sans doute, mais il me faut surtout une femme. Il était assez naturel que je jetasse les yeux sur vous qui pouvez me donner à la fois l'une et l'autre... Mademoiselle Suzanne est tout simplement délicieuse.

...Oh ! ne gueulez pas : c'est absolument inutile. Voici. J'ai votre captivante photographie et je possède, en outre, quelques lettres non moins précieuses dont vous m'honorâtes autrefois. Donnant donnant. Vous m'entendez bien... Je vous offre un mois pour bâcler l'affaire, six semaines au plus. Passé ce délai, je fais tout sauter. Moi, je n'ai rien à perdre. Maintenant, arrêtez votre cocher. Je descends ici.

— Un mot encore, balbutia le malheureux qui venait de rouler dix mille marches. Vous avez oublié que je peux me tuer.

L'autre éclata de rire et, déjà sur le marchepied :

— Je n'ai pas peur de ça. Les cochons ne se tuent jamais, dit-il, non sans profondeur.

*
* *

Deux mois après cet entretien, Agénor Bardache épousait Suzanne dans un village de Normandie où l'avocat possédait une vieille maison.

Nul ne fut invité et les billets de faire part, confiés aux bons soins de Chaumontel, furent envoyés dans les latrines.

Cette histoire est substantiellement exacte. Je vous raconterai un autre jour comment les époux sont morts. Le père est encore vivant, Dieu merci !

Ah ! j'oubliais. Le jour du mariage, la cérémonie terminée, Bardache, rayonnant, se pencha vers son beau-père et lui murmura ces amoureuses paroles :

— *O ami ! comme elle vous ressemble !*

JOCASTE SUR LE TROTTOIR

XXXI

JOCASTE SUR LE TROTTOIR

à Ladislas Lubanski

> *Sanctum nihil est et ab inguine tutum.*
> JUVÉNAL, *sat. III*.

Monsieur,

Quand vous recevrez cette lettre, je serai certainement en route pour l'Afrique, où je vais essayer de me faire tuer d'une manière honorable. Si cela peut s'appeler le suicide, je pense que le mode en est acceptable, même pour un catholique tel que vous.

Je suis las de vivre, j'en conviens, absolument et irrémédiablement fatigué de ce que les imbéciles ou les pourceaux nomment entre eux la vie.

Mes affaires sont en ordre, faites-moi l'honneur de le croire. Je ne dois d'argent à personne et ne serai pleuré par aucun créancier. Les quelques revenus dont je fis un usage peu noble iront, après moi, dans des mains pures.

Je suis sans famille, et le groupe de mes amis ou connaissances vaut à peine un souvenir. Ma disparition ne sera pas même remarquée, ne fût-ce que d'un humble chien.

Cependant, avant de disparaître, j'ai résolu de vous livrer un secret de tristesse et d'ignominie effroyables, dont la divulgation, je le crois, pourrait être utile à plusieurs.

Il est entendu que vous êtes parfaitement libre de publier cette confidence *anonyme*, à moins que vous ne jugiez, en votre conscience, plus expédient de l'anéantir.

Cette confession écrite, jetée à la poste, va me devenir aussi complètement étrangère que le drame inconnu qui dort dans les limbes de l'imagination d'un romancier, et mes mesures sont si bien prises que nul ne pourra me reconnaître.

Agissez donc, monsieur, comme il vous plaira Voici le poème :

*
* *

Lorsque je perdis ma mère, à six ans, je me rappelle que mon chagrin fut extrême, beaucoup plus grand, je le suppose, qu'il ne convient à un enfant de cet âge, car ce fut pour moi l'occasion de récolter une somme de gifles peu ordinaire.

Je ne pourrais jamais oublier le percement, le déchirement de mon petit cœur lorsqu'on m'apprit avec brutalité que je ne la verrais plus, que c'était tout à fait fini de la jolie maman et qu'on l'avait fourrée dans la terre, au milieu des morts.

Je ne pouvais guère comprendre ce que c'était que mourir, mais je fus pilonné sous l'épouvante, broyé d'horreur, et je n'ai jamais pu en revenir complètement.

On ne me montra pas le cadavre. Il y avait une raison, que je n'ai sue que beaucoup plus tard...

Mes cris furent tels, d'ailleurs, que mon père, homme très dur, qui me détestait, me fit expédier, le jour même, à la campagne, sur la lisière d'un bois de sapins très sombre, dans le voisinage d'un étang fétide et non loin de l'établissement d'un équarrisseur, — lieu sinistre que je vois encore.

J'ai vécu là deux ans, entièrement privé de culture, sous les yeux indifférents d'une paysanne desséchée qui me nourrissait aussi chiennement que possible et me laissait vagabonder tout le jour.

Pauvre petite maman, au milieu des morts !...

J'allais souvent errer à l'entour de la palissade du tueur, attiré là, traîné là comme par des griffes.

Je n'apercevais presque rien à travers les planches, mais je respirais l'odeur abominable du repaire et je voyais souvent filer devant moi des rats énormes, je ne sais quelles créatures affreuses qui paraissaient venir de l'étang.

J'en vins à penser que c'était peut-être là qu'on l'avait mise, la disparue — car j'avais déjà le pressentiment que le monde est fait à l'image infâme de ce chantier d'assommeurs des bêtes qui souffrent.

Je dus faire pitié à Dieu lorsqu'il m'arriva — combien de fois ! — de me jeter contre la clôture et d'appeler ma mère en sanglotant.

Ah ! j'étais bien abandonné, je vous assure. Mon père, que je voyais à peine une fois tous les trois mois, pendant une après-midi, me régalait exclusivement de calottes, me traitant de jeune idiot, de petit « crétin exalté », de petit *voleur* (!) et ne se gênant pas pour exhaler, en propres termes, son désir de me voir « crever » bientôt.

Je me souviens qu'un jour, ayant parlé de promenade, il me conduisit le long de l'étang, à un endroit vaseux et plein de roseaux où je m'arrêtais souvent, des heures entières, pour contempler le grouillement des têtards ou des salamandres.

Tout à coup, il m'ordonna durement d'aller lui

cueillir un nénuphar qui flottait à quelques pas, et, comme j'essayais d'obéir à cet homme impitoyable, je sentis avec terreur que j'enfonçais dans la boue. Lorsque, blasphémant, il me retira, j'en avais jusqu'aux épaules, et je suis persuadé que, sans la présence d'un témoin attiré par mes cris de désespoir, j'y serais resté, tant sa face était diabolique !

*
* *

Tel a été le vestibule de mon existence. Je suppose que vous en avez assez de ce début. Je passe donc les misérables années qui suivirent. Années d'internat dans un collège où mon père me calfeutra pendant l'espace de deux lustres.

Vous me croirez si vous le pouvez. Jusqu'à dix-huit ans je ne sortis pas un seul jour de cette prison.

A ceux dont l'enfance eut quelques joies, il serait évidemment inutile de chercher à faire comprendre ce que durent être les effets d'une si longue et si féroce incarcération. Il paraît que la loi civile permet cela. C'est la paternité antique, si je ne me trompe.

J'étais assez robuste, heureusement ou malheureusement, pour n'en pas mourir. Seulement, j'ignore ce que devint mon âme dans ce pourrissoir. Dix ans de contact avec des élèves et des professeurs putréfieraient un cheval de bronze, vous le savez. Quelques écrivains l'ont démontré surabondamment, et je pense qu'il est inutile d'insister.

Une seule chose précieuse m'était restée. Une sorte de fleur très pure dans un coin vierge de mon jardin saccagé. C'était le souvenir infiniment doux de ma mère.

Souvenir de délices, lumineux et pacifiant ! L'ayant perdue si tôt, je n'aurais pu reconstituer les lignes de son cher visage, mais je me souvenais de l'avoir vue ravissante, et la douceur merveilleuse de ses caresses était immortelle.

La dernière fois, surtout, elle avait été si triste et si tendre, ma mère bien aimée, si tendre et si profondément triste qu'en y songeant, je me sentais fondre de pitié...

* * *

Je cours au dénouement de cette histoire, qui me tue, qui me dévore, qui me souille au delà de ce qui peut être pensé.

Quand je sortis du collège, celui qui se disait mon père avait tellement vieilli que j'eus peine à le reconnaître. Mais il était devenu, je crois, plus atroce.

Sa haine pour moi, d'ailleurs inexplicable, me parut s'être exaspérée jusqu'à une espèce de rage chronique, difficile à peindre, qui faisait songer à la possession démoniaque.

Les premières nuits, je me barricadai dans ma chambre, craignant qu'il ne profitât de mon sommeil pour m'égorger. Peur juvénile, sans doute, mais si justifiée par certains regards qu'il me lançait à la dérobée !

Peu ou point de paroles, d'ailleurs. *Les âmes se voyaient*. On avait la sensation d'être face à face au bord d'un gouffre.

Quelques ordres brefs, quelques durs et coupants monosyllables. C'était absolument tout.

Je n'eus pas besoin de génie pour deviner qu'il ne m'avait fait revenir que pour m'infliger quelque supplice nouveau. Mais j'étais maintenant un homme, j'avais l'expérience acquise dans les tribulations ignobles de l'internat universitaire, et j'eusse défié un jeune lion d'être plus armé que moi.

Comment prévoir la chose qui n'a pas de nom, l'ineffable horreur que le monstre me réservait ?

Il était architecte, chargé de travaux assez importants, et je fus immédiatement dévolu aux petits soins d'un premier commis qui devait m'initier à l'art de bâtir.

Cet individu, que j'ai studieusement et très lentement *saigné,* la semaine dernière, avant de quitter Paris, était l'homme de confiance, l'âme damnée de mon père. Je me souvenais de l'avoir toujours vu dans la maison. Il me faisait travailler sans relâche du matin au soir.

Le premier mois étant achevé, il prit tout à coup un air bon enfant pour me déclarer que son patron, moins coriace que je ne paraissais le croire, avait résolu de me gratifier chaque mois d'une raisonnable somme, quoique je n'eusse besoin de rien sous son toit.

— Mais, ajouta-t-il, on sait ce que c'est que les jeunes gens. Le plaisir leur est nécessaire après une journée de travail, et monsieur votre père l'a parfaitement compris. Je suis même chargé de vous remettre une clef de la porte extérieure, pour que vous puissiez rentrer à l'heure qu'il vous plaira, quand vous sortirez le soir. On tient à vous faire sentir que vous n'êtes pas un prisonnier.

L'argent que me donna cet intermédiaire — mon premier argent! — m'amollit naturellement le cœur, et je ne songeai plus à me défier de lui.

Il en profita sur le champ pour me soutirer toute la confiance possible, ce qui n'était vraiment pas un travail d'Hercule, puisque je n'avais que dix-huit ans et pas un ami sur terre.

Bon enfant, de plus en plus, il devint, peu à peu, mon chaperon de libertinage, daigna se soûler en ma compagnie et me fit connaître les bons endroits.

*
* *

Bâclons l'épisode final. Un jour le terrible drôle, qui *savait* ce qu'il faisait, me donna l'adresse —

qu'il tenait sans doute en réserve pour le moment opportun — d'une femme « charmante, quoique un peu mûre », qui me comblerait de délices.

Deux heures plus tard, *je couchais avec ma mère*, qui ne me reconnut que le lendemain.

Agréez, etc.

LA PLUS BELLE TROUVAILLE
DE CAÏN

XXXI

LA PLUS BELLE TROUVAILLE
DE CAÏN

à Henry Hornbostel

Je ne sais comment, vers la fin de ce mémorable dîner, on en vint à ce degré de bêtise de parler des objets trouvés sur ce qui s'appelle mystérieusement et amphibologiquement la voie publique.

Presque tous en profitèrent pour raconter des aventures de trésors gisants, de sacoches heurtées du pied et qui contenaient de grandes richesses, aventures dans lesquelles — on était forcé d'en convenir — leur désintéressement avait éclaté. Quelques-uns, moins ivres, avouèrent, en baissant la tête, qu'ils n'avaient jamais rien trouvé.

Ce fut alors que ramassant d'un geste large toutes les attentions disséminées, le claironnant sculpteur Pélopidas Gacougnolle nous interpella :

— Savez-vous, beugla-t-il, quelle fut, un jour, la plus belle trouvaille de Marchenoir ?

Une collective nutation des chefs lui révéla qu'on n'en savait absolument rien.

— Alors, mes enfants, écoutez-moi ça. L'anecdote vaut la peine d'être racontée.

*
* *

On sait généralement, commença-t-il, que notre grand Inquisiteur littéraire a été le plus imprenable et calamiteux adolescent qui ait arboré, sur nos trottoirs, le cataclysme de la redingote ou du pantalon. Rien n'exprimerait la luxuriance de cette gueuserie de rêveur.

Je me souviens de l'avoir aperçu bien des fois à cette époque, et j'en suis si fier que j'ai peine à concevoir que la terre puisse me porter ! Oh ! je vous parle d'il y a longtemps. Je n'étais pas encore son ami, et je ne devinais guère que je le deviendrais un jour. Je ne sais même pas s'il avait jamais eu un seul ami.

C'était un orageux et difficile marcassin qui ne

s'encanaillait qu'avec les constellations. On le devinait impatient de toute autre promiscuité, et personne, je crois, n'eût entrepris le recrutement de ce primitif.

Chacun de vous le connaît trop pour que je m'extermine à vous le dépeindre. Mais je ne sais si vous l'imaginez, à dix-huit ans, tel que le représente un féroce portrait, peint par lui-même à l'huile de requin, et qu'il exhibe seulement à ses plus intimes.

Il apparaît là, se rongeant un poing dans un mastic de bitume, de terre d'ombre et de carbonate de plomb, fixant le spectateur de deux yeux terribles, sanguinolents à force d'intensité. Quand on n'a pas vu cela, on n'a rien vu...

C'est la première manière de notre héros, lequel voulut être peintre, longtemps avant de se sentir écrivain, et qui, ma foi! eût été, dans ses tableaux, précisément ce qu'il est dans ses effroyables livres, le soyeux molosse et le cannibale céleste que nous admirons.

Les yeux de ce portrait, obsédants au point d'étonner un virtuose de mon acabit, ne furent jamais, il est vrai, ces yeux d'une invraisemblable douceur que le créateur des volcans et des luminaires alluma sous son front morose pour la confusion des imbéciles.

Ils ont suffi, néanmoins, pour déterminer une ressemblance extraordinaire que la plus audacieuse longévité ne parviendrait pas à démentir, parce qu'ils sont les yeux de son âme, les vrais yeux de sa profonde âme éternellement affamée de pressentiments divins.

Évidemment, lorsqu'il exécuta cette exorbitante effigie, son instinct de séquestré au milieu des gouffres l'avertissait déjà de son exécrable destin.

Sans aucun doute, il subodorait les charognes qui devaient encombrer sa voie et dont l'haleine faillit asphyxier les trois cents lions qu'il portait en lui.

Comment n'aurait-il pas eu la vision de cet avenir infernal qu'on est bien forcé de supposer assorti à ses facultés de gladiateur ? car je ne sais aucun homme que sa nature ait autant désigné que lui aux couleuvres noires et aux vexations carabinées.

Les infortunés moins élus le devraient bénir, puisqu'il fut et qu'il est encore le paratonnerre isolé qui soutire tous les tonnerres. Le miracle est offert par lui, depuis vingt ans, d'un blasphémateur de la Racaille, absolument invincible et toujours sur ses étriers, malgré le tourbillon des crapules et le cyclone des pusillanimes.

Ah ! il peut se vanter d'avoir été lâché, celui-là, et d'en avoir vu décamper, de fiers gentilshommes qui se disaient ses compagnons. Les amitiés ou les simples admirations qu'il rencontra me font l'effet de ressembler à ces divines allumettes qui ne s'enflamment que « sur la boîte », suivant la formule dont nous gratifia le Septentrion.

Le ciel me préserve d'une additionnelle jérémiade sur l'agriculture des affections et l'économie politique du ciment cordial. L'homme dont je parle s'est exprimé, d'ailleurs, de façon tellement définitive que toute rhétorique sur ce point serait désormais oiseuse. Nous savons tous le désagrément atroce de n'être pas né dans la peau d'un chien quand l'acariâtre destinée refusa le groin d'un heureux pourceau...

Tout le monde vous dira que cet indigent fameux a été frénétiquement secouru par des bienfaiteurs innombrables, et que c'est à peine si les entrailles de la charité contemporaine sont guérissables des tumeurs que son *ingratitude* a déterminées.

Mais c'est dans le monde littéraire qu'il passe pour avoir, surtout, perpétré la déprédation. Il n'est pas jusqu'au plus vaseux giton de l'écritoire qui n'exploite volontiers, comme une carrière de diamants, cette légende cristallisée devenue semblable à un intraitable calcul dans le bas endroit des sécrétions du journalisme.

J'en ai soigné quelques-uns de ces valétudinaires excitants dont la semelle de mes bottes rafraîchissait instantanément le rognon. Ils se souvenaient alors de n'avoir jamais *connu* avec précision le parasite supposé. Marchenoir, en personne, a plusieurs fois obtenu de ces cures miraculeuses et ses procédés, supérieurs aux miens, sont tellement infaillibles que je le tiens pour le plus sublime oculiste de la mémoire, capable, j'en suis persuadé, d'opérer de la cataracte du Niagara !...

.˙.

Mais voici que je m'emballe ! fit Pélopidas en se rasseyant. Car il s'était levé, marchant à grands pas et bousculant tout, depuis un instant.

Je suis désarmé de tout sang-froid quand je songe à ces animaux qui tueraient un homme supérieur pour glaner trois sous dans le crottin des cynocéphales influents du Premier-Paris.

Je vous disais donc que j'avais entrevu Marchenoir à l'époque lointaine de son noviciat dans les odyssées de la famine et du chienlit. J'étais moi-même, en ce temps-là, un assez vilain pauvre bougre de petit plâtrier fricoteur qui faisait plus souvent soupeser son torse aux longitudinales du quartier qu'il ne triturait la glaise des académies. J'étais un juste noceur, un de ces malins à compartiments qui dramatisent la billevésée et j'aurais peut-être joué quelque sale tour à ce lamentable qu'on voyait passer, de loin en loin, devant l'atelier, déchiffrant, avec des extases, une loque d'elzévir qui paraissait une continuation de ses surprenantes guenilles.

Mais il y avait la légende instructive d'un certain

malvat de la chalcographie qu'il avait, un jour, trempé de la tête aux pieds dans une mare de boue, *sans même interrompre sa lecture*, et qu'il avait ensuite mis à sécher en équilibre sur l'appui d'une fenêtre balustrée que le soleil dardait avec rage. Épisode qui donnait à réfléchir.

Puis, quelque imbécile que je fusse alors, le grandiose de cette misère agissait un peu sur moi. Je sentais, quand même, la présence d'une âme extraordinaire, et, plus tard, j'ai compris que c'était là justement ce qui révoltait les enfants de cancrelats répartis sous nos épidermes, à chacune des apparitions de cet insolite malheureux.

Ses haillons, je vous assure, n'avaient rien d'ignoble. La propreté de ses hardes en copeaux était même une chose curieuse et touchante.

J'ai toujours devant les yeux un certain chapeau de haute forme acquis, Dieu sait en quels anciens jours! et dont la cocasserie ne pouvait être surpassée que par l'inoubliable tromblon de Thorvaldsen, dans cette fresque bafouée des vents, hommage décrépit de l'admiration des Danois sur les parois extérieures de son musée à Copenhague.

On vit ce chapeau, fréquenté par les météores, se transformer au cours des saisons et passer par toutes les couleurs. Le dernier état constaté fut la spirale ou colimaçon d'Archimède, aux blanchâtres circonvolutions, qui faisait paraître le titulaire coiffé d'un tronçon de colonne torse arraché au tremblement de quelque basilique portugaise, — phase décisive suivie, peu de mois plus tard, d'un affaissement irrémédiable dont trois ou quatre maroufles de l'atelier furent les témoins éperdus. Je n'exprimerais jamais la sollicitude avec laquelle il frottait cet objet indéfinissable.

Après la catastrophe, il alla nu-tête par les rues.

Je ne crois pas qu'il ait jamais été positivement va-nu-pieds, mais ses bottines auraient fait juger séculières les sandales des anachorètes les plus déchaussés. Je demande la permission de ne pas insister sur cet endroit de mon poème qui finirait par être aussi long que le *Paradis perdu* et qui nous dessécherait autant que les prodromes évangéliques de la fin du monde, si je m'attardais aux accessoires.

Il faudrait je ne sais quelles hyperboles pour donner un aperçu de cette enveloppe d'un aborigène du malheur, qu'à la distance de beaucoup d'années, je me représente accoutré par la griffe même du Chérubin des Humiliations.

En voilà donc tout à fait assez de la digression et je reviens à mon histoire.

*
* *

Lorsque j'eus l'extrême joie, longtemps espérée, de devenir l'ami et le compagnon de Marchenoir, je fus le témoin malheureusement impuissant, — je n'étais pas riche, alors, — des avanies sans nom qu'une vieille propriétaire lui fit endurer.

Il devait plusieurs termes et ne parvenait pas, quoi qu'il fît, à la satisfaire. Cette ordure de femme voulait à toute force qu'il lui donnât de l'argent.

Elle le gardait néanmoins, mais comme on garde les huîtres perlières dans les pêcheries de l'Océan Indien, surveillées continuellement par des squales attentifs, — ayant mis l'embargo le plus rigoureux sur les pauvres meubles aux trois quarts détruits qui lui venaient de sa mère et guettant toujours l'occasion de le dépouiller des misérables aubaines qui pouvaient échoir.

L'infortuné locataire était condamné à ne sortir de sa chambre que sous le feu des réclamations de la pygargue féroce qui l'injuriait plusieurs fois par jour, en présence de tous les voisins, et souvent même l'apostrophait insolemment au milieu des rues.

Messieurs, cette situation a duré dix ans, Marchenoir n'arrivant jamais à pouvoir donner mieux que des acomptes et ne pouvant se résoudre à prendre la fuite. Pour la somme de trois ou quatre cents francs, cette gueuse l'a torturé quarante saisons.

Ne vous impatientez pas, s'il vous plaît, j'arrive à mon anecdote. Mais ce que vous venez d'entendre était nécessaire pour vous amener à sentir l'importance unique de la trouvaille qu'il fit, « ce beau matin d'été si doux », à l'heure charmante où les convolvulus et les renoncules des bois ouvrent leurs calices.

Il y avait trois ans déjà que la compassion des Océanides avait réussi à désenchaîner notre Prométhée. Un premier succès littéraire, escompté par d'inexprimables tourments, lui avait permis de trancher enfin le câble d'ignominie et il vivait à peu près tranquille dans un quartier solitaire, infiniment loin de l'horrible geôle.

L'image du vautour femelle s'estompait, s'embrumait de plus en plus, devenait indiscernable, télescopique. Impossible de retrouver le cliché, même au plus profond des latrines de sa mémoire.

Un jour de juillet, presque à l'aube et le lever du soleil s'annonçant à peine, Marchenoir sortit, selon sa coutume, pour se rafraîchir sur les bastions, en lisant quelques pages de Saxo Grammaticus ou de la *Cornucopia* de Perotto.

Ayant fait une soixantaine de pas environ, comme il regardait à ses pieds pour tourner l'angle de sa rue, il aperçut à deux pas, dans ce lieu désert où n'existaient alors que des clôtures de jardins fruitiers et de terrains vagues, un carton bureaucratique de la forme la plus notariale ou la plus huissière, dont la présence l'étonna.

S'approchant jusqu'à le toucher du pied, la résistance de l'objet redoubla son étonnement qui devint aussitôt de l'épouvante quand il vit un filet de sang.

Le couvercle enlevé rapidement, *sa propriétaire lui apparut...*, la tête coupée de son ancienne propriétaire le regardant de ses yeux morts, de ses blancs yeux morts qui ressemblaient à deux grosses pièces d'argent.

L'AMI DES BÊTES

XXXII

L'AMI DES BÊTES

Extrait de « la Femme Pauvre »

à l'Ami qui viendra sans être attendu.

> Eratque cum bestiis, et angeli ministrabant illi.
> SAINT MARC, *chapitre I.*

— Je ne sais, nous dit le Consolateur, si le nom d'histoire convient exactement à ce que vous allez entendre. C'est plutôt un souvenir de voyage, une impression ancienne, demeurée très vive et très profonde, que je voudrais vous faire partager.

Cela s'est passé sur la montagne de la Salette, où

les catholiques savent que la Vierge est apparue, en 1846, à deux enfants pauvres.

Naturellement, on a tout fait pour déshonorer, par le ridicule ou la calomnie, cet événement prodigieux. Mais qu'importe ?

Je me trouvais donc en ce lieu de pèlerinage, et, dès le premier soir, j'avais pris avec énergie la défense d'un inconnu, l'un de mes compagnons de table d'hôte, que tous les convives plastronnaient lâchement de leurs sarcasmes dévots.

J'avais même forcé l'une de ces brutes, parmi lesquelles se trouvaient deux ou trois ecclésiastiques, à lui demander pardon.

Vous savez si c'est dans ma nature de supporter que les faibles soient opprimés devant moi. Mon client était un personnage à figure triste, vêtu comme un campagnard et dont la simplicité m'avait attendri.

On se moquait de lui parce qu'il était une espèce de végétarien, n'admettant pas qu'on tuât les bêtes et s'interdisant de manger leur chair, sous quelque prétexte que ce fût. Il le disait à qui voulait l'entendre, sans que nul persiflage eût le pouvoir de le retenir, et on sentait qu'il aurait donné sa vie pour cette idée.

*
* *

Le lendemain, la première personne que j'aperçus

près de la fontaine miraculeuse fut mon protégé. Il priait en grand recueillement, et je pus l'observer.

C'était un homme d'aspect vulgaire, habillé de façon presque misérable. Il devait avoir dépassé cinquante ans et portait déjà les marques d'une caducité prochaine.

On devinait que toutes les giboulées du malheur s'étaient acharnées sur lui. Sa figure timide et souffreteuse eût été, je crois, insignifiante, sans une expression de joie singulière qui paraissait être l'effet d'un colloque intérieur. Je voyais ses lèvres s'agiter faiblement et, parfois, sourire de ce doux et pâle sourire de quelques idiots ou de certains êtres pensants dont l'âme serait immergée dans un gouffre de dilection.

Ses yeux, surtout, m'étonnèrent. Fixés sur l'image en bronze de la Vierge Lamentatrice, ils lui parlaient comme cent bouches auraient parlé, comme tout un peuple de bouches suppliantes ou laudicènes ! J'imaginai — sur le registre divin où les vibrations des cœurs seront, un jour, transposées en ondulations sonores — tout un carillon de louanges, de divagations amoureuses, de remerciements et de désirs.

Il me sembla même — et, depuis des ans, je garde cette impression — que, du milieu des montagnes environnantes, ceinturées alors d'éclatants brouillards, mille fils de lumière, d'une ténuité et d'une douceur infinies, venaient aboutir au visage calmiteux de cet adorant, autour de qui je crus voir flotter un très vague effluve...

.˙.

Quand il eut fini, il vint à moi et, se découvrant :

— Monsieur, dit-il, je serais heureux de vous entretenir un moment. Voulez-vous me faire l'honneur de m'accompagner quelques pas ?

Nous allâmes nous asseoir derrière l'église, au bord du plateau, en face de l'Obiou, dont le soleil, encore invisible sous les vapeurs, éclaboussait, en ce moment, la cime neigeuse.

— Vous m'avez fait beaucoup de peine hier soir, commença-t-il. Je n'ai pu vous arrêter, malheureusement, et j'en suis très affligé. Vous ne me connaissez pas. Je ne suis pas un individu à défendre. Autrefois, quand je ne me connaissais pas encore moi-même, je me défendais tout seul. J'étais un héros. J'ai tué un ami en duel pour une plaisanterie.

Oui, monsieur, j'ai tué un être formé à la ressemblance de Dieu, qui ne m'avait pas même offensé. On appelle ça une affaire d'honneur ! Je l'ai frappé en pleine poitrine, et il est mort en me regardant, sans dire un mot... Ce regard ne m'a pas quitté depuis vingt-cinq ans, et, au moment où je vous parle, il est là-haut, juste devant moi, sur cette vieille colonne du firmament...

Quand je me représente cette minute, je suis capable de tout endurer. Ma seule consolation et mon seul espoir, c'est qu'on se moque de moi, qu'on m'insulte, qu'on me traîne le visage dans les ordures. Ceux qui font ainsi, je les aime, je les bénis « de toutes les bénédictions d'en bas », parce que cela, voyez-vous, c'est la justice, la *vraie* Justice.

Vous vous êtes mis en colère et vous avez abusé de votre force contre un homme dont je ne mérite pas, certainement, de décrotter la chaussure. Vous m'avez forcé à prier pour lui toute la nuit, étendu au seuil de sa porte, ainsi qu'un cadavre, et, ce matin, je l'ai supplié, par les Cinq Plaies de notre Sauveur, de me marcher sur la figure...

Oh! monsieur, n'essayez pas de me justifier, je vous en conjure. *Ne me dites rien d'humain.* Je vous le demande pour l'Amour de Dieu, qui s'est promené sur cette montagne. Tout ce qui peut colorer une infamie, croyez-vous que je ne me le sois pas dit à moi-même et que d'autres encore ne me l'aient pas dit, jusqu'au jour où il me fut donné de comprendre que j'étais le plus ignoble des assassins?

Cet homme que j'ai tué avait une femme et deux enfants. La femme est morte de chagrin, entendez-vous? Moi, j'ai donné un million pour les orphelins. Si je n'ai pas tout donné, c'est que des raisons de famille, plus fortes que moi, s'y opposaient. Mais j'ai promis de vivre, jusqu'à ma dernière heure, à la façon d'un mendiant.

J'espérais ainsi que la paix reviendrait en moi, comme si la vie d'un homme pouvait être payée avec des écus. C'est l'argent des princes des prêtres que j'ai donné à ces pauvres enfants, traités en petits Judas par le meurtrier de leur père. Ah! bien oui! elle n'est jamais revenue, la paix divine, et je suis crucifié tous les jours !...

Je vous dis cela, monsieur, parce que vous avez eu de la pitié et que vous pourriez concevoir de l'estime. Je suis encore trop lâche pour raconter ma vie à tout le monde, ainsi que je le devrais, sans doute, et comme faisaient les grands pénitents du Moyen Age.

J'ai voulu me faire trappiste, puis chartreux. On m'a dit partout que je n'avais pas la vocation. Alors je me suis marié pour souffrir tout mon soûl. J'ai pris une vieille catin de bas étage dont les matelots ne voulaient plus. Elle me roue de coups et m'abreuve de ridicule et d'ignominie...

Je ne la laisse manquer de rien, mais j'ai mis en lieu sûr les débris de ma fortune, qui fut assez considérable. C'est le bien des pauvres, sur lequel je prélève de faibles sommes pour mes voyages. L'année dernière, j'étais en Terre Sainte, puis à Compostelle. Aujourd'hui, je suis à la Salette pour la trentième fois. On doit me connaître. C'est ici que j'ai reçu les plus grands secours, et j'engage tous les malheureux à faire ce pèlerinage. C'est le Sinaï de la Pénitence, le Paradis de la Douleur, et ceux qui ne le comprennent pas sont bien à plaindre. Moi, je commence à comprendre et, quelquefois, j'obtiens d'être délié pendant une heure...

*
* *

Il s'arrêta, et je me gardai bien de rompre ses pensées. J'eusse été, d'ailleurs, assez peu capable de proférer un seul mot qui ne m'aurait pas semblé ridicule en présence de ce forçat volontaire, de ce Stylite colossal de l'Expiation.

Quand il se remit à parler, au bout d'un instant, j'eus la surprise d'une transformation inouïe. Au lieu de ce pathétique formidable qui venait de me serrer toutes les fibres autour du cœur, à la place de cette houle de remords, de ce volcan de plaintes qui lançait partout ses laves d'angoisse, la voix humble et mystérieusement placide que j'avais entendue la veille.

Si je vous priais d'imaginer, par exemple, un enfant mourant que vous entendriez parler à travers un mur, ce serait absurde, et, pourtant, je ne trouve pas mieux. Bref, j'eus l'intuition de quelque chose d'infiniment rare...

— On me raille souvent, disait cette voix, à propos des bêtes. Vous en avez été le témoin. Je crois deviner en vous un homme d'imagination. Vous pourriez soupçonner, par conséquent — me supposant un zèle téméraire — que je me suis donné ce ridicule à plaisir. Il n'en est rien. Je suis véritablement fait comme cela. J'aime les animaux, quels qu'ils soient, à peu près autant qu'il est possible ou permis d'aimer les hommes.

J'ai quelquefois désiré, je l'avoue, d'être tout à fait imbécile, afin d'échapper complètement aux sophismes de l'orgueil ; mais, ce désir ne s'étant pas réalisé jusqu'ici, je n'ignore nullement ce qui peut être l'occasion du mépris dans cette manière de sentir, qui va, chez moi, jusqu'à la passion et que des personnes très sages ont réprouvée.

N'est-ce point un malentendu ? Serait-ce que la plupart des hommes ont oublié qu'étant eux-mêmes des créatures, ils n'ont pas le droit de mépriser l'autre côté de la création ? Saint François d'Assise, qu'admirent les athées eux-mêmes, se disait le très proche parent, non seulement des animaux, mais des pierres et de l'eau des sources, et le juste Job ne fut pas blâmé pour avoir dit à la pourriture : Vous êtes ma famille !

...Je sais que Dieu nous a livré les bêtes en pâture ; mais il ne nous a pas fait un commandement de les dévorer au sens matériel, et les expériences de la vie ascétique, depuis quelques dizaines de siècles, ont prouvé que la force de l'homme ne réside pas dans cet aliment. On ne connaît pas l'Amour universel parce qu'on ne voit pas la réalité sous les figures...

Il me parla ainsi très longtemps avec une grande foi, un grand amour et, je vous prie de le croire, avec une divination merveilleuse du Symbolisme chrétien que j'étais infiniment éloigné d'attendre de lui. Je dois beaucoup à cet homme simple, qui me donna, en quelques entretiens, la clef lumineuse d'un monde inconnu.

Je vous assure qu'il était prodigieux quand il parlait des animaux. Plus rien des grands éclats déchirants de sa première confidence, plus de tempête, plus de météore douloureux. Un calme divin, et quelle candeur !

Paisiblement, il s'allumait comme une toute petite lampe d'accouchée dans une demeure gardée par les anges. En l'écoutant, je me souvenais de ces Bienheureux qui furent les premiers compagnons du Séraphique, dont les mains pleines de fleurs ont parfumé l'Occident, et je revoyais aussi tous les autres Saints de jadis, dont les pitoyables pieds nous ont laissé quelques grains du sable des cieux.

Le peu que je vous ai rapporté de ses paroles a dû vous faire entrevoir qu'il ne s'agissait pas de ces transports imbéciles qui sont peut-être le mode le plus dégoûtant de l'idolâtrie. Les animaux étaient pour lui les signes alphabétique de l'Extase. Il lisait en eux — comme les élus dont j'ai parlé — la seule histoire qui l'intéressât : l'histoire sempiternelle de la Trinité, qu'il me faisait épeler dans les caractères symboliques de la Nature.

Mon ravissement fut inexprimable. A ses yeux, l'empire du monde, perdu par le premier Désobéissant, ne pouvait être reconquis que par la restitution *plénière* de tout l'ancien ordre saccagé.

— *Les animaux,* me disait-il, *sont, dans nos mains, les otages de la Beauté céleste vaincue.*

Parole étrange, dont je n'ai pas encore mesuré toute la profondeur. Précisément parce que les Bêtes sont ce que l'homme a le plus méconnu et le plus opprimé, il pensait qu'un jour, Dieu ferait par elles quelque chose d'inimaginable, quand serait venu le moment de manifester sa Gloire.

C'est pourquoi sa tendresse pour ces créatures était accompagnée d'une sorte de révérence mystique assez difficile à caractériser par des mots. Il voyait en eux les détenteurs inconscients d'un Secret sublime que l'humanité aurait perdu sous les frondaisons de l'Eden et que leurs tristes yeux, couverts de ténèbres, ne peuvent plus divulguer, depuis l'effrayante Prévarication...

Le Consolateur ne disait plus rien. Accoudé sur la table et se pressant les tempes du bout des doigts, dans une de ses attitudes familières, il regardait vaguement devant lui, ayant l'air de chercher au loin quelque grand oiseau de proie, désespéré d'être sans capture, qui reflétât sa mélancolie.

※
※ ※

— Qu'est devenu cet homme ? lui demanda l'un de nous.

— Ah ! oui : mon histoire ne serait pas complète. Je ne l'ai jamais revu, et j'ai appris sa mort, un an plus tard, par un de mes compatriotes établi dans la petite ville qu'il habitait en Bretagne, au bord de la mer.

Il est mort de la façon la plus terrible et, par conséquent, la plus désirée par lui, c'est-à-dire dans sa maison, sous l'œil de l'abominable Xantippe qu'il avait choisie tout exprès pour le torturer.

Frappé de paralysie peu de temps après notre rencontre, il ne voulut pas qu'on le transportât dans quelque maison de santé où il eût pu être exposé à s'éteindre en paix. Ayant vécu en pénitent, il lui plut de râler et de mourir en pénitent.

Il paraît que sa femme le faisait coucher dans les ordures... Les détails sont affreux. On crut même, un instant, qu'elle l'avait empoisonné.

Il est certain qu'elle devait être impatiente de sa mort, espérant hériter de lui. Mais les précautions étaient prises depuis longtemps, ainsi qu'il me l'avait dit, et le reliquat de son patrimoine est allé dans les mains des pauvres. Le bail de cette cuisinière de son agonie expirait naturellement avec lui.

Maintenant, mon histoire est tout à fait finie. Vous voyez qu'elle n'était pas très compliquée. Je voulais simplement vous faire voir, tel que je l'ai vu moi-même, incomplètement, hélas! un être humain tout à fait unique, dont je suis persuadé qu'il n'existe pas d'autre exemplaire dans le monde entier.

Sans la lettre trop précise de mon correspondant de Bretagne, je serais, parfois, tenté de me demander si tout cela fut bien réel, si cette rencontre fut vraiment autre chose qu'un mirage de mon cerveau, une espèce de réfraction intérieure du Miracle de la Salette, qui se serait ainsi modifié en passant à travers mon âme.

Le pauvre homme est resté là, comme une similitude parabolique de ce Christianisme gigantesque d'autrefois dont ne veulent plus nos générations avortées.

Il représente pour moi la combinaison surnaturelle d'enfantillage dans l'Amour et de profondeur dans le Sacrifice qui fut tout l'esprit des premiers chrétiens, autour desquels avait mugi l'ouragan des douleurs d'un Dieu.

Bafoué par les imbéciles et les hypocrites, indigent volontaire et triste jusqu'à la mort, quand il se regarde lui-même, fiancé à tous les tourments et compagnon satisfait de tous les opprobres, ce brûlant de la Croix est, à mes yeux, l'image et le raccourci très fidèle de ces temps défunts où la terre était comme un grand vaisseau dans les golfes du Paradis !

TABLE

I.	La Tisane	7
II.	Le Vieux de la Maison	17
III.	La Religion de Monsieur Pleur	29
IV.	Le Parloir des Tarentules	45
V.	Projet d'Oraison funèbre	57
VI.	Les Captifs de Longjumeau	67
VII.	Une Idée médiocre	77
VIII.	Deux Fantômes	91
IX.	Terrible Châtiment d'un Dentiste	101
X.	Le Réveil d'Alain Chartier	111
XI.	Le Frôleur compatissant	123
XII.	Le Passé du Monsieur	135
XIII.	Tout ce que tu voudras !	149
XIV.	La dernière cuite	161
XV.	La Fin de don Juan	171
XVI.	Une Martyre	182
XVII.	Le Soupçon	193
XVIII.	Le Téléphone de Calypso	203
XIX.	Une Recrue	213
XX.	Sacrilège raté	223
XXI.	Le Torchon brûle !	233
XXII.	La Taie d'argent	243
XXIII.	Un homme bien nourri	251
XXIV.	La Fève	263
XXV.	Propos digestifs	273
XXVI.	L'appel du Gouffre	285
XXVII.	Le Cabinet de lecture	301
XXVIII.	On n'est pas parfait	313
XXIX.	Soyons raisonnables !	321
XXX.	Jocaste sur le trottoir	331
XXXI.	La plus belle Trouvaille de Caïn	343
XXXII.	L'ami des Bêtes	357

Orléans. — Imp. G. MORAND, 47, rue Bannier.

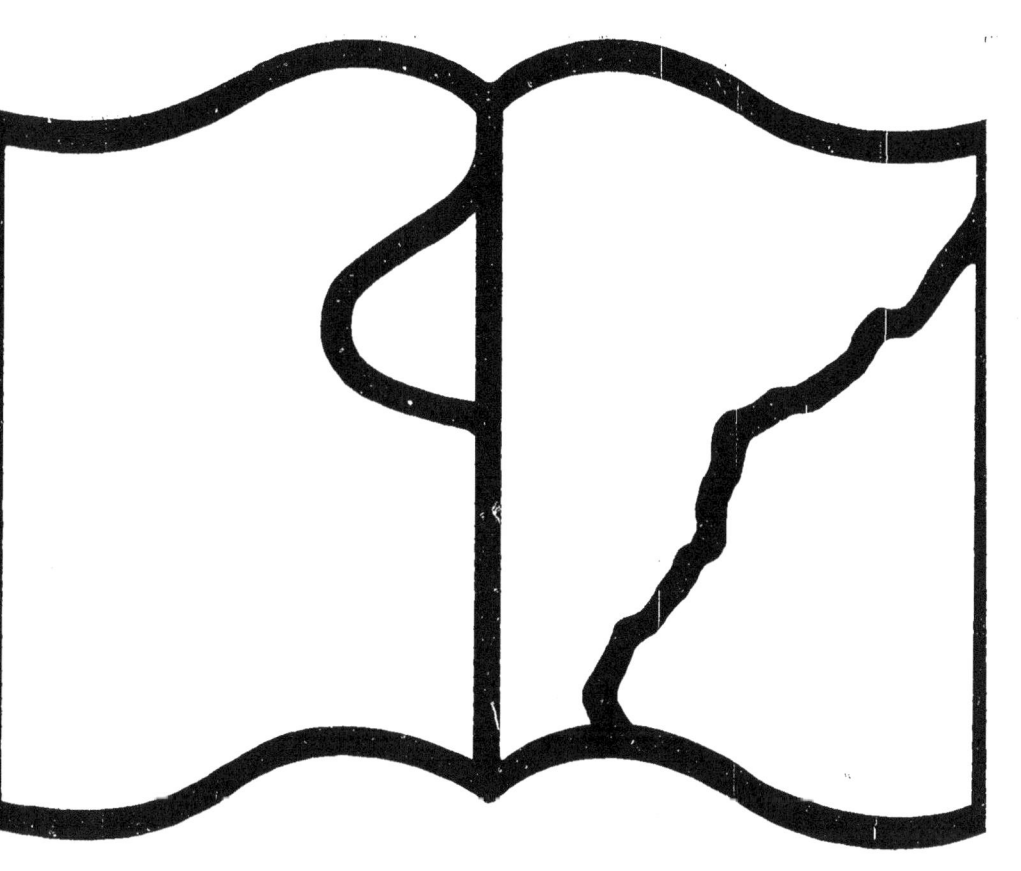

Texte détérioré — reliure défectueuse

NF Z 43-120-11

www.ingramcontent.com/pod-product-compliance
Lightning Source LLC
Chambersburg PA
CBHW050257170426
43202CB00011B/1727